Philipp Schneider

Investition in die richtige Gebäudetechnik

Ein wirtschaftlicher Vergleich

Schneider, Philipp: Investition in die richtige Gebäudetechnik: Ein wirtschaftlicher Vergleich,
Hamburg, Igel Verlag RWS 2014

Buch-ISBN: 978-3-95485-190-4
PDF-eBook-ISBN: 978-3-95485-690-9
Druck/Herstellung: Igel Verlag RWS, Hamburg, 2014

Bibliografische Information der Deutschen Nationalbibliothek:
Die Deutsche Nationalbibliothek verzeichnet diese Publikation in der Deutschen
Nationalbibliografie; detaillierte bibliografische Daten sind im Internet über
http://dnb.d-nb.de abrufbar.

© Igel Verlag RWS, Imprint der Diplomica Verlag GmbH
Hermannstal 119k, 22119 Hamburg
http://www.diplomica.de, Hamburg 2014
Printed in Germany

Kurzfassung

Ist es ein Widerspruch, wenn höhere Investitionen in zukunftsweisende Gebäudetechniken investiert werden, dies auch gleichzeitig zu niedrigeren verbrauchsgebundenen Kosten führt? Ist ein Gebäude mit einfacher Gebäudetechnik auch das Wirt-
schaftlich günstigere?

In diesem Fachbuch wird durch eine Annuitätsrechnung aufgezeigt, dass höhere Investitionen in die Gebäudetechnik nicht gleich zu setzen sind mit höheren Annuitätskosten im Jahr.
Untersucht wurde die Wirtschaftlichkeit der bestehenden Ausgangsvariante mit drei
neu ausgearbeiteten Varianten mit wechselnder Ausstattung bei der Gebäudetechnik. Die Varianten haben zum Ziel, weniger Heiz- und Kühlenergie und elektrischen
Strom als die Ausgangslage zu benötigen. Zudem wird durch die Wahl anderer Er-
zeugungsarten und dem Einsatz einer Wärmerückgewinnung Energie eingespart.
Besonders in Zeiten steigender Energiekosten und Rohstoffverknappung wird der
Einsatz moderner Gebäudetechnik immer wichtiger.

Anhand der Annuitätsrechnung konnte belegt werden, dass die Variante, die die
größte positive Abweichung bei den Investitionskosten zum Vergleich zur Ausgangslage besitzt, die Lösung ist, welche die geringsten jährlichen Annuitätszahlungen
verursacht.

Abstract

Is it a contradiction if higher investments into state of the art building engineering lead
to lower consumption-bound costs at the same time? Is a building with simple building engineering also economically more favourable?

In this thesis it is shown with the help of an annuity calculation that higher investments into building engineering should not be directly correlated with higher annuity
costs over the year.
The economics of the existing output variant were examined together with three new-
ly defined variants of changed equipment in building engineering. The variants are
defined as to lead to less heating, cooling and electric power requirements than in

the initial outset. Furthermore, energy is saved by choosing an alternative generation and a heat recovery system. Particularly at times of rising energy costs and commodity shortages the employment of modern building engineering becomes ever more important.

On basis of the annuity calculation it could be proven that the variant with the largest positive deviation of investment costs to the initial costs is also the solution with the lowest resulting annuity payments.

Inhaltsverzeichnis

Abbildungsverzeichnis

Tabellenverzeichnis

Formelzeichen und Abkürzungen

Formelzeichen	Bedeutung	Maßeinheit
A_0	Investitionsbetrag	€
$A_{1, 2, ..., n}$	Barwert der 1., 2., ..., n-ten Ersatzbeschaffung	€
A_{B1}	betriebsgebundene Zahlungen	€
A_N	Gesamtannuität	€
$A_{N,B}$	Annuität der betriebsgebundenen Kosten	€
$A_{N,E}$	Annuität der Einzahlungen	€
$A_{N,K}$	Annuität der kapitalgebundenen Kosten	€
$A_{N,S}$	Annuität der sonstigen Kosten	€
$A_{N,V}$	Annuität der verbrauchsgebundenen Kosten	€
A_{S1}	sonstige Zahlungen	€
A_{V1}	bedarfs-(verbrauchs-)gebundene Zahlungen	€
a	Annuitätsfaktor	-
b	Barwertfaktor	-
b_B	Barwertfaktor für betriebsgebundene Zahlungen	-
b_E	Barwertfaktor für Einzahlungen	-
b_{IN}	Barwertfaktor für Instandsetzungszahlungen	-
b_K	Barwertfaktor für kapitalgebundene Zahlungen	-
b_S	Barwertfaktor für sonstige Zahlungen	-
b_V	Barwertfaktor für bedarfs-(verbrauchs-)gebundene Zahlungen	-
ba	preisdynamischer Annuitätsfaktor	-
ba_B	preisdynamischer Annuitätsfaktor für betriebsgebundene Zahlungen	-
ba_E	preisdynamischer Annuitätsfaktor für Einzahlungen	-
ba_{IN}	preisdynamischer Annuitätsfaktor für Instandsetzungszahlungen	-
ba_K	preisdynamischer Annuitätsfaktor für kapitalgebundene Zahlungen	-
ba_S	preisdynamischer Annuitätsfaktor für	

	sonstige Zahlungen	-
ba_V	preisdynamischer Annuitätsfaktor für bedarfs-(verbrauchs-)gebundene Zahlungen	-
E_1	Einzahlungen	€
e_g	Aufwandszahl der Erzeugung	-
F_C	Abminderungsfaktor	-
f_K	Faktor für die Instandsetzung des Investitionsbetrages	%
g	Gesamtenergiedurchlassgrad	%
n	Anzahl der Ersatzbeschaffungen innerhalb des Betrachtungszeitraums	-
P_{mains}	Die an die Ventilatoren der Luftbehandlungseinheit / des Ventilators gelieferte Leistung	W
Δp_{fan}	Der Gesamtdruckanstieg vom Ventilatoreinlass zum Auslass	Pa
q	Zinsfaktor	-
$Q_{3,Wärme}$	Energieaufwand der Wärmeerzeugung	kWh
$Q_{3,Kälte}$	Energieaufwand der Kälteerzeugung	kWh
$Q_{3,Strom}$	Stromaufwand	kWh
$Q_{3,Wasser}$	Wasseraufwand	m³
Q_{HA}	Heizwärmebedarf	kWh
$Q_{H,E}$	Wärmeendenergie	kWh
r	Preisänderungsfaktor	-
R_W	Restwert	€
T	Betrachtungszeitraum	a
T_N	Nutzungsdauer der Anlagenkomponente	a
U	Wärmedurchgangskoeffizient	W/(m²K)
U_b	Wärmedurchgangskoeffizient Brüstungsbänder	W/(m²K)
U_f	Wärmedurchgangskoeffizient Rahmen	W/(m²K)
$U_{f,BW}$	Wärmedurchgangskoeffizient Bemessungswert des Rahmens	W/(m²K)
U_g	Wärmedurchgangskoeffizient Verglasung	W/(m²K)
U_w	Wärmedurchgangskoeffizient Fenster	W/(m²K)

η_{ges}	Gesamtwirkungsgrad	-
η_a	mittlerer Jahresnutzungsgrad	-
η_{tot}	Der gesamte Wirkungsgrad der Luftbehandlungseinheit/des Ventilators	-
η_V	Verteilungsgrad	-
$\theta_{H,E}$	Wärmeendenergie pro m²	kWh/m²
θ_{ce}	Flächenbezogener Verlust der Wärmeübergabe	kWh/m²
θ_d	Flächenbezogener Wärmeverlust der Verteilung	kWh/m²
τ	Lichttransmission	%
v	Der Luftstrom durch die Luftbehandlungseinheit/den Ventilator	m³/s
v_{fan}	Der Luftstrom durch den Ventilator	m³/s
ϑ_{max}	maximale operative Raumlufttemperatur	°C
ϑ_{RL}	Rücklauftemperatur	°C
ϑ_{VL}	Vorlauftemperatur	°C

Abkürzungen	Bedeutung
BGF	Brutto-Grundfläche
RLT	Raum-Luft-Technik
SSV	Sonnenschutzverglasung
WLG	Wärmeleitgruppe

1 Einleitung

Heutzutage ist es für Bauherren und Projektentwickler immer wichtiger, Gebäude zu entwickeln, die einen hohen Nutzerkomfort bei geringem Energieverbrauch bieten. Eine gute Wärmedämmung der Fassade, passive Kühlung und optimierte Tageslichtnutzung werden als einige der Erfolgsfaktoren angesehen. Welchen Einfluss hat der Einsatz moderner, zukunftweisender Gebäudetechnik auf die Wirtschaftlichkeit von Bürogebäuden und auf den Nutzerkomfort? Wie können zukunftsfähige Gebäudekonzepte unter Berücksichtigung der Wirtschaftlichkeit umgesetzt werden?

Am Beispiel des Bürogebäudes Bavaria Office in Hamburg wurde in Kooperation mit HSH Real Estate AG untersucht, welche Möglichkeiten zur Energieeinsparung durch gebäudetechnischen Anlagen bestehen. Höhere Investitions- und Betriebskosten für die technische Gebäudeausrüstung sind nicht gleich zu setzen mit einer höheren Arbeitsplatzqualität. Durch eine Wirtschaftlichkeitsanalyse wird gezeigt, welche Alternativen in Zukunft für vergleichbare Neubauprojekte angewendet werden können. Die Wirtschaftlichkeit eines Gebäudes definiert sich nicht nur aus den Investitions- und Betriebskosten, sondern auch durch die Produktivität der Nutzer, welche durch das Wohlbefinden und den Nutzerkomfort bestimmt wird.

Als Ausgangsbasis für die Analyse wurde die technische Gebäudeausrüstung des Bavaria Office angesetzt und mit Hilfe der Dokumentation zu den Simulationen der Stand der technischen Gebäudeausrüstung definiert. Untersucht wurden Zellenbüros, Großraumbüros und Besprechungsräume. Die aktuellen Herstellkosten und die Kosten für die alternativen Varianten der technischen Gebäudeausrüstung wurden von den gleichen Planungsbüros kalkuliert. Dies gewährleistet eine hohe Vergleichbarkeit der verschiedenen Varianten in der Wirtschaftlichkeitsanalyse.

2 Handlungsbedarf

Im Wohnungsbau finden Niedrigenergiehäuser immer mehr Zuspruch bei interessierten Käufern und Mietern.

Dies hat sich bisher noch wenig auf den Nichtwohnungsbau übertragen. Bei einem Anteil bis zu 25 % an den Betriebskosten für Raumkonditionierungsanlagen ist hier ein Umdenken erforderlich. Durch den Einsatz von Fachkräften schon in der Konzept- und Entwurfsphase, lässt sich ein minimaler Energie- und Technikeinsatz erzielen.

Für die Vermarktungsfähigkeit ist das Wohlbefinden der Mieter und Nutzer ein relevanter Faktor. Die Möglichkeit selbst in das Raumklima einzugreifen, das Fenster zu öffnen oder den Sollwert der Heizung einzustellen, ist für das Wohlempfinden der Nutzer von entscheidender Bedeutung. Für den thermischen Komfort im Winter spielt die Verteilung der Wärme durch Strahlung und Konvektion eine wichtige Rolle. In der Übergangzeit und im Sommer bilden größere interne Wärmequellen eine Herausforderung zur Abführung der Lasten.

Die sich in regelmäßigen Abständen ändernde Gesetzeslage ist ein weiterer wichtiger Grund, Gebäude mit geringem Energieverbrauch zu entwickeln und zu bauen. Die neue DIN V 18599 [1] berücksichtigt das Energiebilanzverfahren der Kühlung der Räume bei Nichtwohngebäuden. Wenn der Stromverbrauch, welcher zum Beispiel bei Wärmepumpen zum Einsatz kommt in die gesetzlichen Vorgaben mit einbezogen wird, wird das die zukünftigen Planungen der HLK-Anlagen maßgeblich bestimmen.

3 Allgemeine Objektbeschreibung

3.1 Allgemein

3.1.1 Standort

Das Gebäude befindet sich auf dem ehemaligen Grundstück der Bavaria St. Pauli Brauerei. Das 30.000 m² großes, ehemaliges Gewerbegrundstück liegt oberhalb der Landungsbrücken auf einem Geländeplateau. Dort entsteht derzeit ein Stadtquartier mit Bürogebäuden, Wohnungen und einem Hotel.

Auf dem Grundstück nimmt das Gebäude eine zentrale Position ein: Im Westen schließt das Gebäude direkt an den Gebrüder Wolff Quartiersplatz. Im Süden befindet sich eine zweite Platzfläche. Im Osten schließt das Gebäude an den auf seine historische Achse zurück verlegten Zirkusweg an, auf dessen gegenüberliegender Straßenseite ebenfalls ein modernes Bürogebäude (Atlantic Haus) errichtet wird. Im Norden schließt ein neu zu errichtendes Wohngebäude die Quartiersentwicklung ab.

Das Gebäude öffnet sich über 2 doppelgeschossige Foyers. Die Eingänge werden zentral über die südliche Freifläche und an der nordöstlichen Gebäudespitze erschlossen. [2]

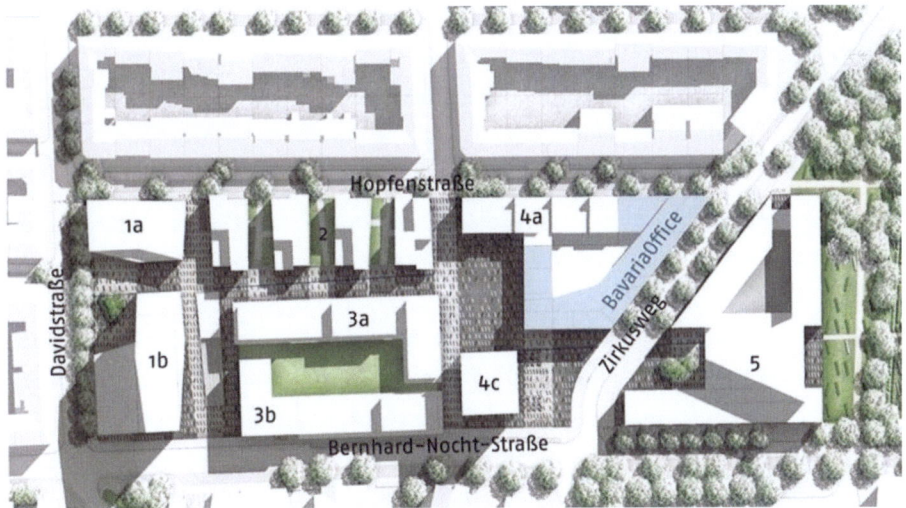

Bild 3.1-1: Lageplan Bavaria St. Pauli Brauerei Gelände mit Bavaria Office [2]

3.2 Gebäude

3.2.1 Konzeption

Das Gebäude bildet mit dem anschließenden Wohnungsbau einen Gesamtblock, entlang der Hopfenstraße, dem Zirkusweg, und dem Gebrüder Wolff-Platz.

Das Bürogebäude zieht sich vom Kreuzungsbereich Hopfenstraße / Zirkusweg bis zum Gebrüder Wolff-Platz. Der Hauptbaukörper, entlang des Zirkusweges und des südlichen Platzes, ist achtgeschossig ausgeführt. Es stehen insgesamt 12.400 m² oberirdischer BGF zur Verfügung. [2]

Bild 3.2-2: Computergrafik des Bavaria Office [2]

Entlang des Gebrüder Wolff-Platzes, als Überleitung zur angrenzenden Wohnbebauung, reduziert sich der Gebäudekörper in der Höhe auf fünf Geschosse. Bedingt durch die Geometrie des Gesamtgrundrisses ergeben sich unterschiedliche Gebäudetiefen und Verschneidungen der einzelnen Baukörper. Die Grundrisse bieten neben der Zweibundanlage auch Möglichkeiten alternativer Nutzungen zu den klassischen Büroteilungen. Drei Untergeschosse zur Aufnahme der Technikräume sowie zur Nutzung als dreigeschossige Tiefgarage sind vorgesehen. [2]

Das geplante Gebäude soll vorwiegend als Bürogebäude genutzt werden. Im Erdgeschoss sind Einzelhandelsflächen und Gastronomie vorgesehen, die hier weiter keine Beachtung finden. Die innere Erschließung zu den Büroflächen erfolgt über zwei Eingangshallen mit Hauptzugang vom südlichen Platz sowie vom Zirkusweg. Von den Eingangshallen führen Treppenhäuser, jeweils mit zwei Aufzügen ausgestattet, in die Obergeschosse. Die Positionierung der Erschließungskerne berücksichtigt die Flexibilität der Vermietungsstrukturen. [2]

3.2.2 Regelgeschosse

Die Bürogeschosse haben eine Bruttogeschossfläche von 11201 m². Sie können durch die konsequente Zweibund- teilweise auch Dreibundanordnung geteilt werden und bieten eine ökonomische Ausnutzung der Geschoßflächen und des Bauvolumens. Die Regeltiefen reichen von 12,50 m bis 15,00 m. Das Raster der Fensterachsen beträgt 1,35 m. Die Flächenstrukturen mit variablen Raumtiefen ermöglichen Einheiten von ca. 400 m² bis 1.470 m² pro Etage. Darüber hinaus sind individuelle Raumplanungen, die über klassische Zellen- oder Gruppenbüros hinausgehen möglich. Das moderne Tragwerkprinzip der unterzugslosen Decken mit zurückgesetzten Stützen im Ausbauraster lässt bei einer Geschoßhöhe von ca. 3,375 m lichte Raumhöhen von ca. 2,93 m zu und ermöglicht somit größtmögliche Flexibilität in der Büronutzung. [2]

3.2.3 Fassade

Die Fassade wird in Glasfaserbeton ausgeführt. Das Gebäude besitzt eine Fassade mit horizontal liegenden Fensterbändern. Aufgrund von thermischen Gebäudesimulationen [3] und des Energiebedarfsausweises [4] wurden Sonnenschutzisoliergläser gewählt. Das Gebäude wird durch die großen, ca. 60 % verglasten Flächen der Außenhülle von der Sonne mit natürlichem Licht durchflutet. Je nach mieterspezifischer Raumstruktur der einzelnen Einheiten kann der Einsatz an künstlicher Beleuchtung auf ein Minimum reduziert werden. [2]

Die Konstruktion ist durchgängig in thermisch getrennter Bauweise aufgebaut. Die Fensterbänder, Aluminiumkonstruktion, erhalten im Wechsel feststehende Verglasungen und Öffnungsflügel. Als Verglasung gelangt Multifunktionsglas entsprechend den gesetzlichen Bestimmungen zur Ausführung, wobei der sommerliche und winterliche Wärmeschutz sowie die entsprechenden Schallschutzanforderungen berücksichtigt werden. Der geforderte Brandüberschlag gemäß HBauO [5] wird durch die massiven Brüstungsbänder sichergestellt. Die Brüstungsbänder werden in Stahlbeton mit entsprechendem Vollwärmeschutz ausgeführt und erhalten eine Brüstungsverkleidung in Faserbeton. Alle Bürofenster erhalten außen liegenden, elektrisch betriebenen Sonnenschutz, der in Gruppen steuerbar ist. Bei einer Globalstrahlung auf die entsprechende Fassadenausrichtung von > 180 W/m² wird der Sonnenschutz geschlossen. Alle Fenster können mieterseitig zusätzlich mit einem Blendschutz ausgestattet werden. [2]

Für die Fassade ergeben sich folgende Randbedingungen:

Verglasung: Sonnenschutzverglasung Lichttransmission $\tau = 66$ %

Gesamtenergiedurchlassgrad $g = 34$ %

Wärmedurchgangskoeffizient $U_g = 1,1$ W/(m²K)

Fensterrahmen: Aluminiumkonstruktion, $U_f = 2,0$ W/(m²K)

Bemessungswert nach DIN 4108-4 [6], $U_{f,BW} = 2,2$ W/(m²K)

U-Wert Rahmenanteil liegt bei 30 % (pauschal)

Nach DIN 4108-4 [6] Tabelle 8 und 9 ergibt sich ein Wärmedurchgangskoeffizienten des Fensters von $U_w = 1,6$ W/(m²K).

Brüstungsbänder: Stahlbeton mit Vollwärmeschutz und einer Brüstungsverkleidung in Faserbeton, $U_b = 0,33$ W/(m²K)

Sonnenschutz: Außen liegender Sonnenschutz als Lamellenbehang mit einem Abminderungsfaktor von $Fc = 0,4$ entsprechend DIN 4108-2 [7]

3.3 Technische Gebäudeausrüstung

3.3.1 Heizung

Die Beheizung der Büroräume erfolgt mit Plattenradiatoren / Konvektorheizkörpern vor den Fensterflächen in einer Regelanordnung zur Ermöglichung eines flexiblen Innenausbaus. Sonstige Räume, die gemäß Wärmebedarfsberechnung zu beheizen sind, erhalten Plattenheizkörper. Die Heizungsanlage wird zentral über eine außentemperaturabhängige Steuerung und in den Räumen über Thermostatventile gere-gelt. Die Wärmeversorgung erfolgt aus dem Hamburger Fernwärmenetz. [2]

3.3.2 Lüftung

Das Gebäude soll weitestgehend natürlich belüftet werden. Die Mietflächen werden durch die Fenster gelüftet. [2]

Für innen liegende Bereiche, wie WC's und Teeküchen, ist eine mechanische Entlüf-tung vorgesehen. In den Besprechungsräumen mit geringem Fensteranteil ist optio-nal eine Be- und Entlüftungsanlage geplant. Jeweils ein Raum je Mieteinheit ist für die EDV (Serverraum) vorgesehen und für den Einsatz von Umluftkühlern vorberei-tet. [2]

3.3.3 Kälte

Das Gebäude erhält eine unterstützende Kühlung durch ein thermoaktives Bauteil in den Decken der Regelgeschosse. Bild 3.3-1 gibt die Verlegung der Rohrregister des thermoaktiven Bauteils am Beispiel eines Regelgeschosses wieder.

Die Leistung des thermoaktiven Bauteils ist auf 45 W/m² aktive Deckenfläche ausge-legt. Bei einem Belegungsgrad von ca. 66 % beträgt die resultierende Kühlleistung 30 W/m² Deckenfläche. Die Systemtemperaturen sind mit Vorlauf ϑ_{VL} = 17 °C und Rücklauf ϑ_{RL} = 20 °C festgelegt. [3]

Zur Kälteerzeugung sind zwei Kältemaschinen auf dem Dach des 7.OG's geplant. Eine Kältemaschine ist für die Serverräume und die RLT-Anlagen vorgesehen, die zweite Kältemaschine versorgt die thermoaktiven Bauteile. Die Kälteleistung für die thermoaktiven Bauteile wird nur in den Nachtstunden benötigt. Zu diesem Zeitpunkt wird die Kälte für die RLT-Anlagen nicht benötigt. Die überschüssige Leistung wird dann in den Kältekreis für das thermoaktive Bauteil eingespeist. [3]

Bild 3.3-1: Übersicht der Verlegung der thermoaktiven Bauteile [2]

Damit die thermoaktiven Bauteile ihre volle Kühlleistung entfalten können, sind in den Büroräumen keine abgehängten Decken vorgesehen. Bei Großräumen kann optional eine abgehängte Decke nachgerüstet werden. Hierbei handelt es sich um eine abgehängte Decke in Streifenform, die deutlich weniger Deckenfläche (nur max. 33 %) als ein Deckensegel besitzt, aber die gleichen akustischen Eigenschaften bietet. Laut einer Simulation eines Herstellers der erwähnten abgehängten Decke wird die Kühlleistung der thermoaktiven Bauteile nur geringfügig beeinflusst. In der Simulation wurde auch ein Vergleich zu einem Deckensegel untersucht. Aufgrund der geringeren Kühlleistung des Deckensegels herrschen bei dieser Lösung deutlich höhere Temperaturen im Raum.

Bild 3.3-2 zeigt einen Raumquerschnitt durch ein Zellenbüro.

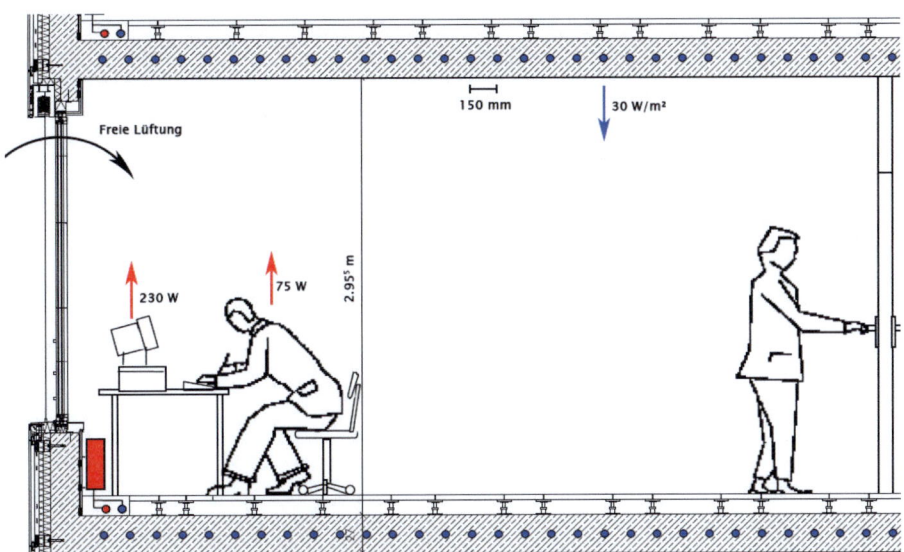

Bild 3.3-2: Querschnitt eines Zellenbüros

Bild 3.3-3 zeigt einen Raumquerschnitt durch ein Großraumbüro mit der oben erwähnten abgehängten Decke.

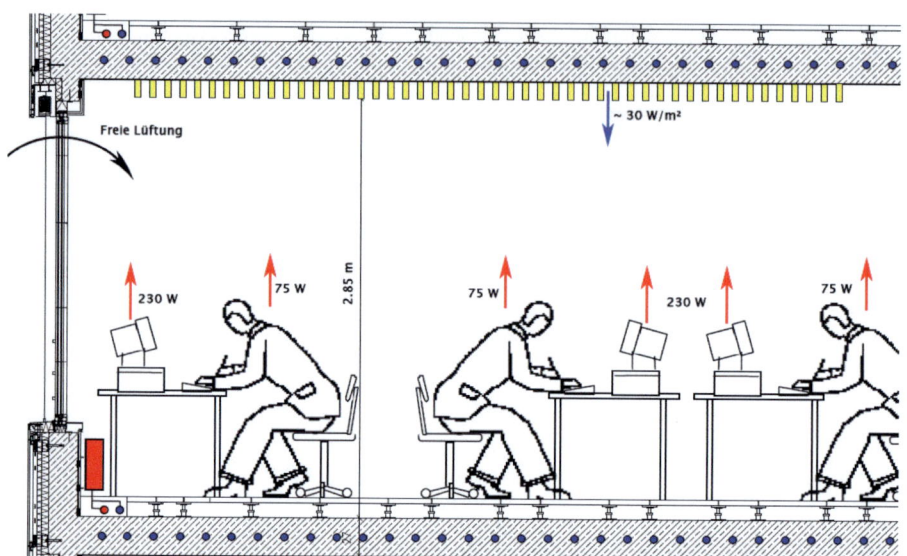

Bild 3.3-3: Querschnitt eines Großraumbüros mit abgehängter Decke

4 Ausgangslage

4.1 Simulation

4.1.1 Einleitung und Zielsetzung

Für das Neubauprojekt Bavaria Office wurde eine thermische Simulation durchgeführt. Durch die thermische Simulation der Büroraumtypen und der geografischen Ausrichtung wurde der Ausbaustandard für die technische Gebäudeausrüstung des Neubauprojekts definiert. Auszüge und Ergebnisse aus der thermischen Gebäudesimulation [3] werden weiter unten aufgeführt.

4.1.2 Sommerliche Behaglichkeit und Rechtslage

Randbedingungen für die Simulation stammen aus den Normen DIN 4108-2 [7] und der DIN 1946-2 [8], welche heute nicht mehr gültig sind. Die Simulation fand im Jahr 2005 statt.

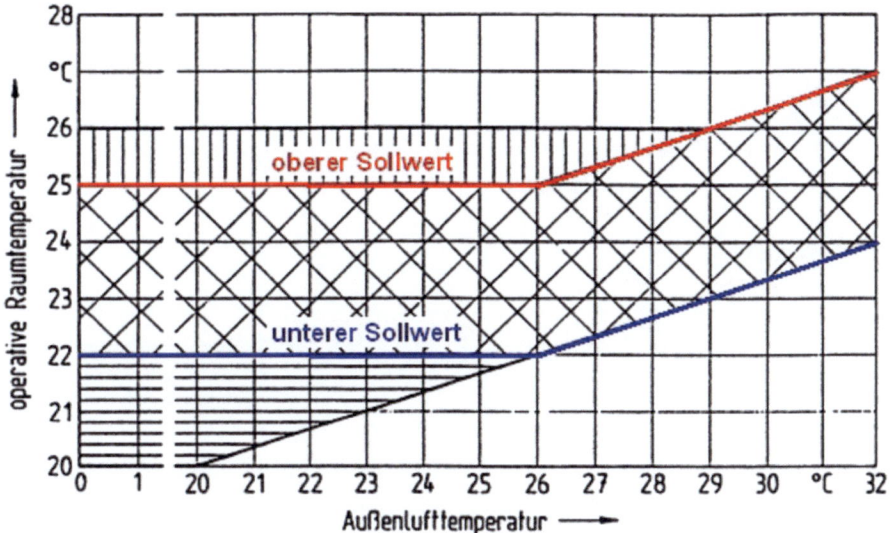

Bild 4.1-1: Operative Raumtemperatur nach DIN 1946-2 [8]

Zur Beurteilung des sommerlichen Komforts eines Büroraums wurde die Anzahl der Überhitzungsstunden ermittelt. Als Überhitzungsstunde wird ein Zeitraum bezeichnet, bei dem die operative Raumtemperatur die Grenz-Raumtemperatur von 26 °C überschreitet. [3]

Die DIN 4108-2 [7] enthält einen Passus wonach ein prozentualer Anteil von 10 % Überhitzungsstunden (> 26 °C für Hamburg) während der Nutzungszeit (10 h/d von Montag bis Freitag, demnach 260 h/a) zulässig ist. Die für Gebäude mit raumlufttechnischen Anlagen geltende DIN 1946-2 [8] besagt, dass die operative Raumtemperatur maximal 26 °C betragen darf. Bei Außentemperaturen von 29 °C bis 32 °C steigt die zulässige Raumtemperatur auf 27 °C an. Die Arbeitsstättenverordnung [11] verlangt, dass die Raumtemperatur in Arbeitsräumen 26 °C nicht überschreiten soll. [3]

4.1.3 Vorgehensweise bei der thermischen Gebäudesimulation

Als Simulationsprogramm wurde die thermische Gebäudesimulation TRNSYS lite 3.0 eingesetzt. Mit dem Programm wurde ein 1-Zonen Modell einer thermischen Zone (z.B.: Zellenbüro) erstellt. Es wurden insgesamt drei Zellenbüros und zwei Großraumbüros mit besonders hohen externen Lasten simuliert. Die geometrischen Daten wurden Anhand der Bilder 4.1-1 und 4.1-2 für die zwei genannten Büroraumtypen ermittelt. Die Randbedingungen für die technische Gebäudeausrüstung und die inneren Wärmegewinne wurden mit der HSH Real Estate AG abgestimmt. [3]

4.1.4 Wetter

Das thermische Verhalten der drei Zellenbüros und der zwei Großraumbüros wurde mit dem für Hamburg gültigen Wetterdatensatz TRY 3 des Deutschen Wetterdienstes laut DIN 4710 [12] simuliert und die jährliche Temperaturstatistiken der operativen Raumtemperaturen ermittelt. Zusätzlich wurde die maximale operative Raumtemperatur für eine zweiwöchige Extremwetterperiode mit täglichen Außenlufttemperaturen bis 31 °C und einer Globalstrahlung von 860 W/m² in Anlehnung an die VDI 2078 [13] ermittelt. [3]

In der Realität können die gemessenen Temperaturen erheblich von den simulierten Werten abweichen. Die Simulation kann daher nur Aussagen zu den relativen Auswirkungen verschiedener Maßnahmen zum sommerlichen Wärmeschutz machen,

28

jedoch keine Prognose zu den sich tatsächlich einstellenden Temperaturen in den Räumen. [3]

4.1.5 Geometrie der Büroräume

Die in Bild 4.1-1 markierten Zellenbüros wurden simuliert. Die Räume weisen jeweils zwei Fassaden mit unterschiedlichen Ausrichtungen und folglich besonders hohen externen Lasten auf. Im Folgenden werden die Zellenbüroräume in Anlehnung an deren Ausrichtung Zellenbüro SW, Zellenbüro SO und Zellenbüro NO genannt. [3]

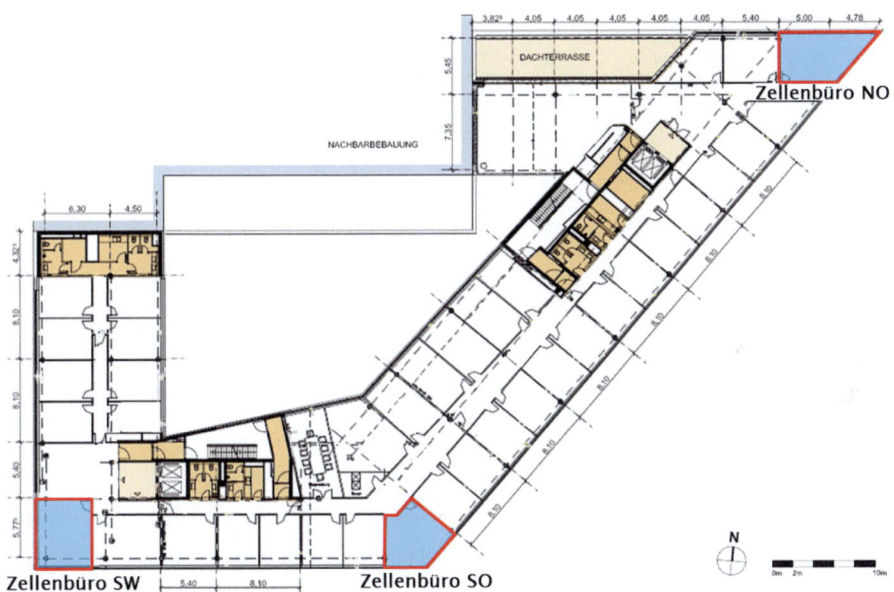

Bild 4.1-2: Simulierte Zellenbüros mit hohen externen thermischen Lasten

Zellenbüros sind in Deutschland die am weitesten verbreiteten Bürokonzepte. Für die Untersuchung der Großraumbüros wurden die Räume gemäß dem Bild 4.1-2 ausgewählt und werden nachfolgend mit Großraum A und Großraum B benannt.

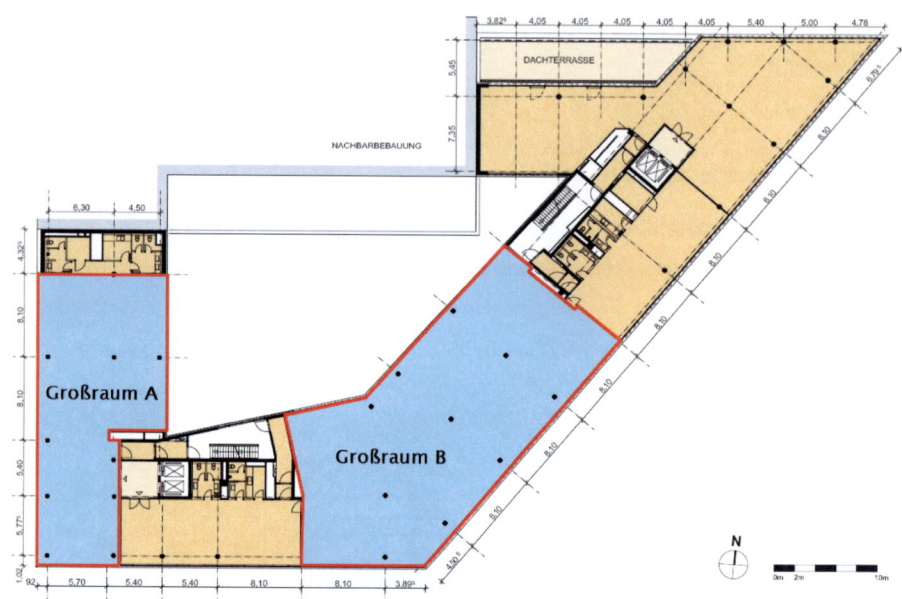

Bild 4.1-3: Simulierte Großraumbüros mit hohen externen thermischen Lasten

Die Flächen und Volumina sowie die Kennwerte der Hüllflächen der drei Zellenbüros können dem Anhang entnommen werden. Die Außenwände des Gebäudes sind massiv und mit 12 cm Wärmedämmung der Wärmeleitfähigkeitsgruppe (WLG) 040 gedämmt. Der Fensterflächenanteil liegt bei der Fassade bei ca. 60 %. Die Innenwände der Büros wurden als leichte Gipskartonwände mit Wärmedämmung ausgeführt. Die Böden bzw. Decken wurden als Stahlbetondecken mit Hohlraumboden simuliert. Als Verglasung wurden Sonnenschutzisoliergläser des Typ 66/34 verbaut. [3]

4.1.6 Innere thermische Lasten

Die Nutzungszeit der Büros wurde mit 10 Stunden in der Zeit von 8.00 Uhr bis 18.00 Uhr angesetzt. In Anlehnung an die DIN 1946-2 [8] wurde ein Aktivitätsgrad 2 (körperlich nicht tätig) und eine sensible Wärmeleistung von 75 W pro Person angesetzt. [3] Zu der neuen gültigen Norm DIN EN 13779 [9] gibt es zur sensiblen Wärmeleistung und der Tätigkeit keine Veränderung. Die nachfolgenden Werte für die Zellenbüros und die Großraumbüros bewegen sich im gültigen Rahmen der neuen DIN EN 13779 [9].

Für die Zellenbüros wurden folgende Bedingungen zu Grunde gelegt:

Belegung: 12 m² pro Person á 75 W/Person

EDV-Ausstattung: 1 PC Arbeitsplatz je Person á 230 W

Dies ergibt für Zellenbüros interne Lasten von ca. **25,4 W/m²**.

Bei den Großraumbüros wurden folgende Bedingungen zu Grunde gelegt:

Belegung: 8 m² pro Person á 75 W/Person

EDV-Ausstattung: 1 PC Arbeitsplatz je Person á 230 W

Abgehängte Decke: Belegung 80 %

Dies ergibt für Großraumbüros interne Lasten von ca. **38,1 W/m²**.

Die künstliche Beleuchtung wurde je nach Bedarf bei einer Globalstrahlung auf die Horizontale von unter 120 W/m² mit einer Leistung von 13 W/m² während der Nutzungszeit zugeschaltet und bei einer Globalstrahlung von über 200 W/m² wieder ausgeschaltet. [3]

4.1.7 Betriebsführung

Die Heizung ist vom 1. September bis 30. April in Betrieb. Die Solltemperatur der Raumluft beträgt von Montag bis Freitag von 7.00 Uhr bis 22.00 Uhr 23 °C. Aufgrund des hohen Fensterflächenanteils des Gebäudes muss die Raumlufttemperatur relativ hoch eingestellt werden, um eine operative Raumtemperatur von größer 20 °C auch bei niedrigen Außenlufttemperaturen zu erreichen. Außerhalb des genannten Zeitraums beträgt die Raumsolltemperatur 15 °C. Die Büros werden Werktags von 8.00 Uhr bis 18.00 Uhr über die Fenster belüftet. Da keine weiteren Angaben vorhanden sind, wurde bei der Simulation entsprechend der DIN 1946-2 [8] von einem Außenluftvolumenstrom von 4 m³/(m²h) ausgegangen, was bei einer lichten Raumhöhe von 2,95 m einem Luftwechsel von 1,35 h^{-1} entspricht. Die Zulufttemperatur und Zuluftfeuchte entspricht den Außenluftbedingungen. Außerhalb der Nutzungszeit wurde von einem Infiltrationsluftwechsel von 0,3 h^{-1} ausgegangen. [3]

4.1.8 Weitere Simulationsrandbedingungen

Aufgrund von Schallschutzmaßnahmen in den Großraumbüros wurde eine Simulation mit abgehängter Decke durchgeführt. Hierbei handelt es sich um eine abgehängte

Decke mit einem sehr hohen Metallanteil. Diese abgehängte Decke soll den Wirkungsgrad des thermoaktiven Bauteils nur geringfügig verschlechtern.

Für die Simulation der Raumtemperaturen wurde davon ausgegangen, dass das verlegte thermoaktive Bauteil in der Deckenmitte ausschließlich zur Kühlung eingesetzt wird. Der Rohrachsenabstand beträgt 150 mm, der Außendurchmesser 16 mm und die Wandstärke 2 mm. Das thermoaktive Bauteil wurde mit einer 70 %igen Belegung in den Betondecken installiert. Aufgrund von Behinderungen, wie zum Beispiel Schallschutzmaßnahmen wurde in der Simulation jedoch nur mit 50 % Belegungsfläche gerechnet. Das thermoaktive Bauteil wurde ab einer über 24 Stunden gemittelten Außenlufttemperatur von über 15 °C mit einer Vorlauftemperatur von 18 °C und einem Massenstrom von 15 kg/(hm²) in Betrieb genommen. [3]

4.2 Simulationsergebnisse

4.2.1 Auswertung der Ergebnisse

Der thermische Komfort in den Büroräumen wurde anhand der jährlichen Temperaturstatistik der operativen Raumtemperatur beurteilt. In Intervallen von 2 K wurde die Anzahl der Stunden mit den entsprechenden Temperaturen ermittelt. Liegen die Temperaturen unterhalb des Komfortbereichs, sind die entsprechenden Balken blau, liegen die Temperaturen oberhalb des Komfortbereichs sind die Balken gelb, orange bzw. rot. Nach Vorgabe der HSH Real Estate AG, durften die operativen Raumtemperaturen maximal 5 % der Nutzungszeit über 26 °C liegen. In den folgenden Balkendiagrammen ist die 5 %-Grenze durch eine gestrichelte Linie gekennzeichnet, welche bei 2470 h/a (2600 h/a – 130 h/a) verläuft. Das bedeutet, dass keine Balken der Farben Gelb, Orange oder Rot, unterhalb dieser gestrichelten Linie liegen dürfen. Denn dann würden mehr als 5 % der Nutzungszeit in den Bereichen von über 26 °C liegen.

Die zu den verschieden farbigen Balken korrespondierende Anzahl der Stunden und dem Temperaturbereich ist in der Tabelle unter dem Balkendiagramm aufgeführt. Zusätzlich wurde die maximale operative Raumtemperatur (ϑ_{max}) während einer zweiwöchigen Extremwetterperiode entsprechend VDI 2078 [13] ermittelt. Die Simulationsvarianten sind entsprechend der Verglasung und deren Kennwerte sowie der

Kühlung bezeichnet. Die Bezeichnung SSV 66/34 BKT 50 % bezieht sich auf die Simulation der Variante mit einer Sonnenschutzverglasung (τ = 66 %; g = 34 %) und einer rechnerisch 50 %igen Fläche des thermoaktiven Bauteils. [3]

4.2.2 Zellenbüro Süd-West

In Bild 4.2-1 sind die Simulationsergebnisse zum thermischen Komfort des Zellenbüro Süd-West dargestellt. Die Temperaturstatistiken zeigen, dass auf eine Kühlung der Büroräume nicht verzichtet werden kann.

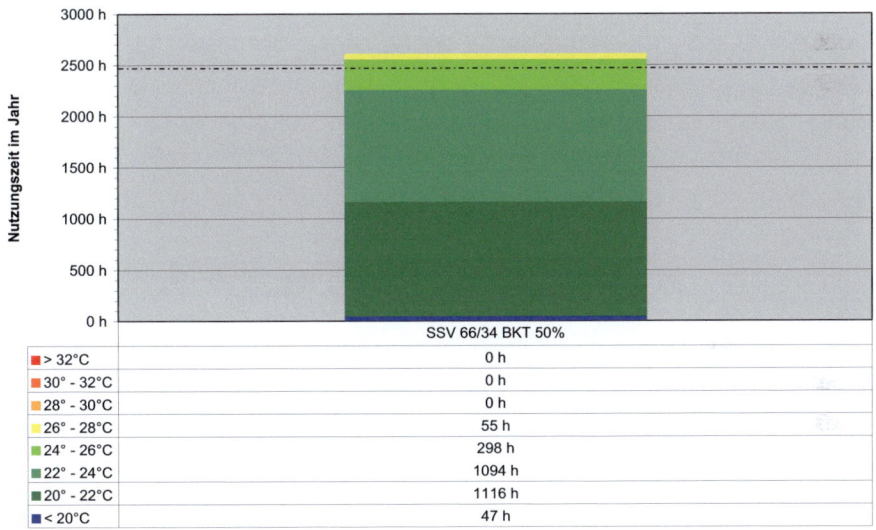

Bild 4.2-1: Zellenbüro Süd-West

Wird das thermoaktive Bauteil mit einer Sonnenschutzverglasung kombiniert, werden die Temperaturvorgaben eingehalten. Die maximale operative Raumtemperatur nach VDI 2078 [13] während einer zweiwöchigen Extremwetterperiode betrug bei diesem Zellenbüro ϑ_{max} = 29,9 °C. [3]

4.2.3   Zellenbüro Süd-Ost

In Bild 4.2-2 sind die Simulationsergebnisse zum thermischen Komfort des Zellenbüro Süd-Ost dargestellt. Ähnlich wie beim Zellenbüro Süd-West zeigen die Temperaturstatistiken auch hier, dass auf eine Kühlung der Büroräume nicht verzichtet werden kann. Wird das thermoaktive Bauteil mit einer Sonnenschutzverglasung kombiniert, werden die Temperaturvorgaben eingehalten. Die maximale operative Raumtemperatur nach VDI 2078 [13] während einer zweiwöchigen Extremwetterperiode betrug bei diesem Zellenbüro ϑ_{max} = 28,7 °C. [3]

Bild 4.2-2: Zellenbüro Süd-Ost

4.2.4   Zellenbüro Nord-Ost

Aufgrund der sehr großen Fensterflächen des Zellenbüros mit Nord-Ostausrichtung kann auch hier nicht auf eine Kühlung der Räume verzichtet werden, wie anhand des Bilds 4.2-3 gesehen werden kann. Auch bei diesem Büro wird mit einer rechnerisch 50 %igen Flächenbelegung des thermoaktiven Bauteils und der Sonnenschutzverglasung ein ausreichendes Raumklima erzielt. Die maximale operative Raumtemperatur nach VDI 2078 [13] während einer zweiwöchigen Extremwetterperiode betrug bei diesem Zellenbüro ϑ_{max} = 29,5 °C. [3]

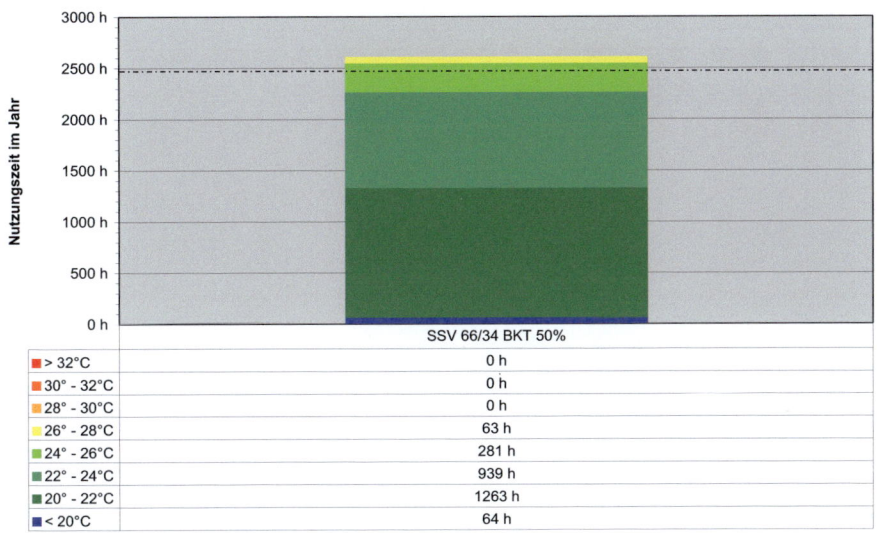

■ > 32°C	0 h
■ 30° - 32°C	0 h
■ 28° - 30°C	0 h
■ 26° - 28°C	63 h
■ 24° - 26°C	281 h
■ 22° - 24°C	939 h
■ 20° - 22°C	1263 h
■ < 20°C	64 h

Bild 4.2-3: Zellenbüro Nord-Ost

4.2.5 Operative Raumtemperaturen bei einer Extremwetterperiode

Die aufgeführten Ergebnisse der thermischen Simulation für die Varianten der Zellenbüros mit thermoaktiven Bauteilen und Sonnenschutzverglasung zeigen teilweise große Ähnlichkeit. Für eine nähere Betrachtung der Ergebnisse wurde eine zweiwöchige Extremwetterperiode nach VDI 2078 [13] untersucht, wobei sich die in Bild 4.2-4 dargestellten Temperaturverläufe auf die zweite Woche beziehen. [3]

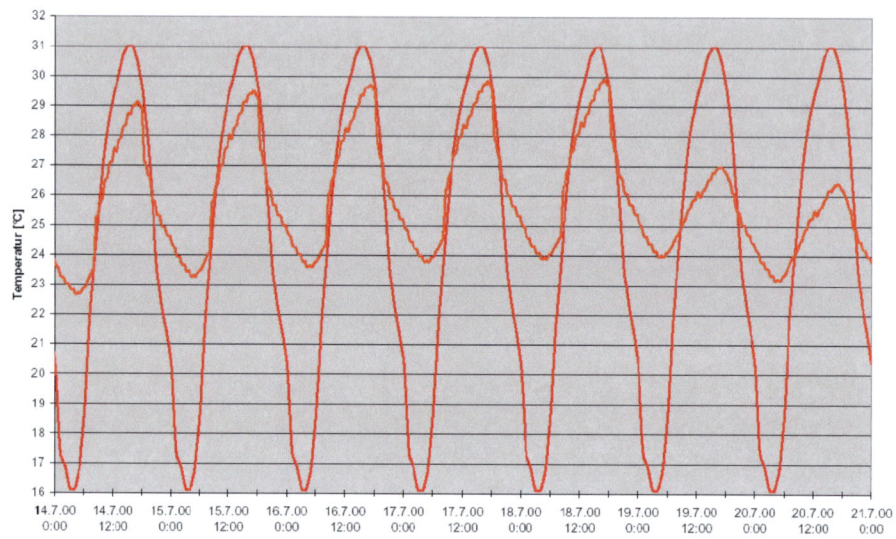

Bild 4.2-4: Operative Raumlufttemperaturen während einer Extremwetterperiode [3]

4.2.6 Kühlleistung des thermoaktiven Bauteils

In Bild 4.2-5 ist ein Diagramm der Summenhäufigkeit der Kühlleistung des thermoaktiven Bauteils dargestellt. Die Kühldauer beträgt 2160 h/a. [3]

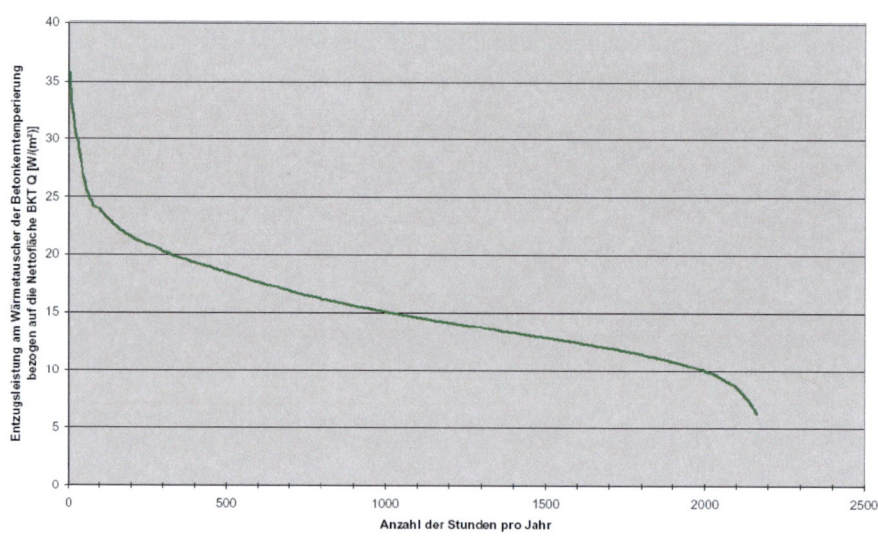

Bild 4.2-5: Kühlleistung des thermoaktiven Bauteils [3]

4.2.7 Großraumbüros

In Bild 4.2-6 sind die Simulationsergebnisse zum thermischen Komfort der Großraumbüros dargestellt. Ähnlich wie beim Zellenbüro SW zeigen die Temperaturstatistiken, dass auf eine Kühlung der Großräume nicht verzichtet werden kann. In der Untersuchung ist, gemäß den Beschreibungen unter 4.1.4, von einer abgehängten Decke ausgegangen worden. Die Überschreitungsstundenanzahl bewegt sich in dem
gewählten Toleranzbereich. [3]

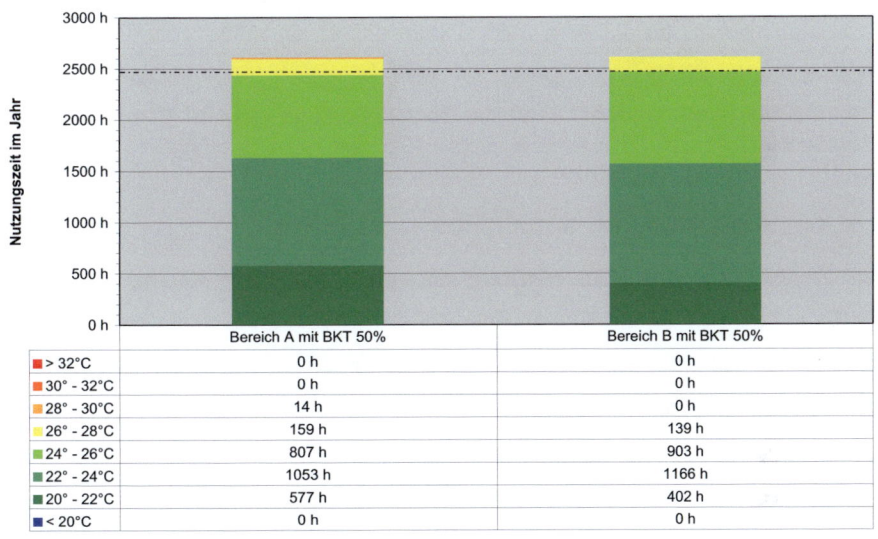

	Bereich A mit BKT 50%	Bereich B mit BKT 50%
> 32°C	0 h	0 h
30° - 32°C	0 h	0 h
28° - 30°C	14 h	0 h
26° - 28°C	159 h	139 h
24° - 26°C	807 h	903 h
22° - 24°C	1053 h	1166 h
20° - 22°C	577 h	402 h
< 20°C	0 h	0 h

Bild 4.2-6: Großraumbüros Bereich A und B

Die maximalen operativen Raumtemperaturen nach VDI 2078 [13] während einer
zweiwöchigen Extremwetterperiode betrugen bei den Großraumbüros:

Bereich A: ϑ_{max} = 30,0 °C

Bereich B: ϑ_{max} = 28,9 °C

4.3 Winterliche Behaglichkeit

Ein Behaglichkeitsdefizit aufgrund von Kaltluftströmungen der Fenster in den Regel-
geschossen tritt kaum ein, da die Heizkörper, die unter jedem Fenster installiert worden sind, die Kaltluftströmung abfangen können. Alle Heizkörper sind frei regelbar,
da sie mit einem Thermostatventil ausgestattet sind.

Die in 3.2.3 aufgeführten Wärmedurchgangskoeffizienten der Fassadekomponenten weisen für die Umschließungsflächen eine ausreichende Dämmung aus. Es kommt zu keiner Unbehaglichkeit der Nutzer.

Raumlufttemperaturen und Oberflächentemperaturen von 20 °C bis 22 °C gelten im Allgemeinen im Winter als behaglich und angenehm. Wie in den Diagrammen der Bilder 4.2-1 bis 4.2-3 zu erkennen ist, liegen die simulierten Raumtemperaturen der Zellenbüros nur zu ca. 1,5 % bis 2,5 % unter 20 °C. Operative Raumtemperaturen die knapp unter 20 °C liegen, gelten als „noch behaglich". Bei den zwei simulierten Großraumbüros wurden keine operative Raumtemperatur unter 20 °C ermittelt.

4.4 Wohlbefinden und Raumklima

Das Wohlbefinden des Menschen wird von einer Vielzahl von Kriterien beeinflusst, welche in Bild 4.4-1 zu entnehmen sind. Äußere Einflüsse, psychologische, physiologische, soziologische und ästhetische Einflüsse vermischen sich zu einer subjektiven Sinneswahrnehmung. [15]

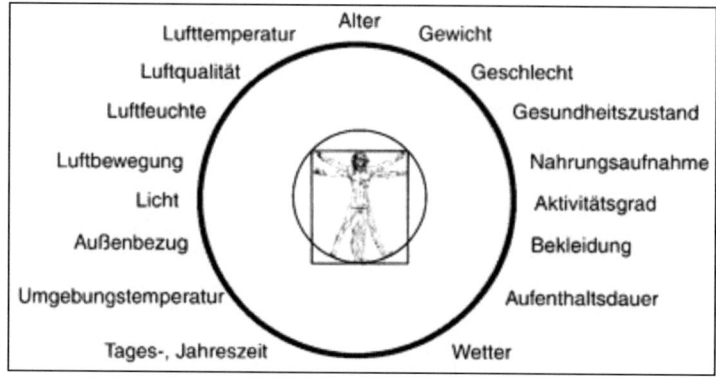

Bild 4.4-1: Faktoren des menschlichen Wohlbefindens [15]

Eine gleichmäßige Temperatur der Luft und der Umschließungsflächen zwischen 22 °C im Winter und bis zu 25 °C im Sommer wird bei durchschnittlicher Bürokleidung, geringer Luftbewegung und bei mäßiger körperlicher Aktivität von den meisten Menschen als angenehm empfunden. Die thermische Behaglichkeit ist eine entscheidende Basisgröße für das körperliche und geistige Leistungsvermögen des Menschen. Außerhalb des Behaglichkeitsbereichs sinken die körperlichen und geistigen Leistungen ab und führen auf Dauer zu Ermüdung und erhöhter Unaufmerksamkeit. Dies steigert das Unfallrisiko, die Motivation und die Kreativität sinken.

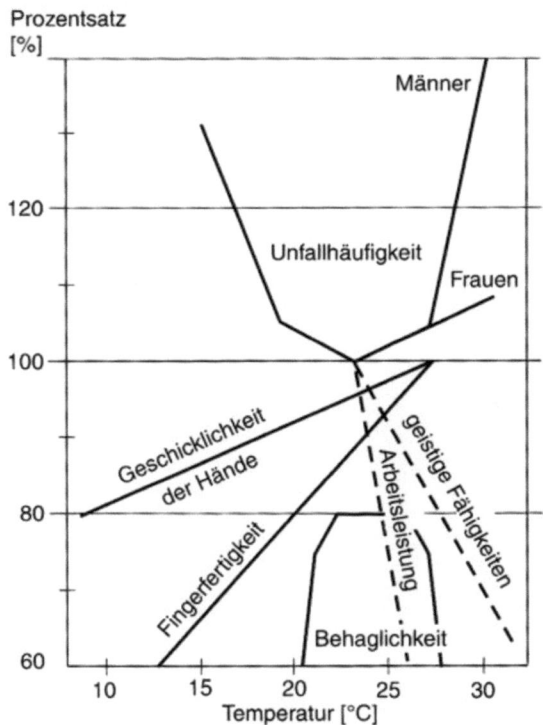

Bild 4.4-2: Leistungsfähigkeit des Menschen [15]

Somit ist die thermische Behaglichkeit nicht nur eine Komfortfrage, sondern eine wirtschaftliche Notwendigkeit im Hinblick auf die Leistung und die Gesundheit von Büroangestellten. Bild 4.4-2 zeigt, wann eine thermische Behaglichkeit bei sitzender Tätigkeit (1 met) und leichter Kleidung gegeben ist, wenn die Schwellenwerte weder unter- noch überschritten werden. [15]

Auf Grundlage der Simulationsdaten für die Zellenbüros ist eine thermische Behaglichkeit der Räume gegeben. Die Raumtemperaturen bewegen sich hauptsächlich im Temperaturbereich von 20 °C bis 26 °C. Durch individuelle Eingriffsmöglichkeiten steigt die Nutzerzufriedenheit. Der Nutzer empfindet kalte Luft, die durch das geöffnete Fenster einströmt, eher als angenehm und frisch, da er das Fenster sofort wieder schließen kann, wenn ihm der Raum zu kalt wird. [15]

Aufgrund der geringen Untertemperatur der thermoaktiven Bauteile kommt es zu keinem Defizit bei der thermischen Behaglichkeit. Die nicht vorhandene Regelbarkeit des thermoaktiven Bauteils wirkt sich negativ auf die Nutzerzufriedenheit aus. Der Sonnenschutz im geschlossenen Zustand mindert ebenfalls die Behaglichkeit, es dringt weniger Licht in den Raum, da dieser über keine Lichtlenkungsfunktion verfügt.

5 Technische Gebäudeausrüstung

5.1 Ausgangslage

Das Bavaria Office wurde mit der technischen Gebäudeausrüstung wie sie in Kapitel 3 beschrieben wurde ausgeführt. Mit Hilfe eines morphologischen Kastens, siehe Tabelle 5.1-1, wurden die einzelnen Parameter zur technischen Gebäudeausrüstung bestimmt. Jeder Parameter besitzt verschiedene Ausprägungen die als mögliche Ausbauvarianten zu diesem Gebäudetypen heranzuziehen sind. Die im Bavaria Office verbauten Ausprägungen sind in dem morphologischen Kasten in der 1.Spalte genannt und mit einer grauen Linie verbunden.

Tabelle 5.1-1:   ***Ausgangslage Bavaria Office***

Parameter ▼	Ausprägung ▶ 1	2	3	4	5	6	7	8
Wärme-dämmung	12 cm Mineralwolle WLG 040	Blähperlit, A1, WLG 050	Schaumglas, A1, WLG 040 - 055	künstliche Mineralfaser, A1, WLG 035 - 045	Steinwolle, A2, WLG 033 - 045	Blähton, A1, WLG 100 - 160	25 cm Dämmung WLG 040, U = 0,16W/m²K	20 cm Dämmung WLG 035 (U = 0,175 W/m²K)
Sonnen-schutz	Horizontal-lamellensonnen-schutz mit 80 mm Lamellenbreite	zweigeteilter Außenjalousie (oberer Teil Lichtlenkung)	zentral steuerbarer außenliegenden Sonnenschutz mit Lichtlenk-Funktion	feststehender Metallrost	Prismensysteme g=0,15 LT=0,7	Konstruktiv	Innenliegender Sonnenschutz Jalousien	keinen
Fenster	Sonnenschutz-isoliergläser Typ 66/34 im Aluminumrahmen (Uw = 1,37W/m²K)	2-Scheiben-Wärmeschutz-verglasung im Holz-Aluminiumrahmen (Uw = 1,4 W/m²K)	3-Scheiben-Wärme-schutzverglasung in wärmededämmten Rahmen (Uw = 0,84 W/m²K)	3-Scheiben-Sonnenschutz-verglasung (Ug = 1,1W/m²K)	Vakuumglas (Ug = 0,2 W/m²K)			
Heizung	Heizkörper	thermoaktives Bauteil	Fußbodenheizung	Heizdecke	Niedertemperatur-heizkörper	Randstreifen-heizung	Konvektoren	Heizkörper, geringere Dimensionierung, (jedes 2. Ausbauraster)
zusätzl. Heizung	keine	thermoaktives Bauteil	Fußbodenheizung	Heizdecke	Niedertemperatur-heizkörper	Randstreifen-heizung	Konvektoren	Heizkörper
Kühlung	thermoaktives Bauteil	passive Kühlung (automatische Nachtlüftung, mechanisch - Abluftventilatoren)	Fußbodenkühlung	Umluft-Kühlgeräte	Kühldecken, -segel, -buffel	regelbare Kühlbalken	Randstreifen-kühlung	
zusätzl. Kühlung	keine	passive Kühlung (automatische Nachtlüftung, mechanisch - Abluftventilatoren)	Fußbodenkühlung	Umluft-Kühlgeräte	Kühldecken, -segel, -buffel	regelbare Kühlbalken	Randstreifen-kühlung	
Lüftung	freie Lüftung	mechanische Be-und Entlüftung mit Wärmerück-gewinnung	Primärklimaanlagen	Zentralklimaanlagen	Freie Lüftung mit nur Abluftanlage	mechanische Be-und Entlüftung		
Erzeugung	Fernwärme-versorgung	Dish-Stirling System (Parabolspiegel, zur Stromerzeugung)	Solarthermie	Kessel	Erdwärmesonden in Bohrpfähle 30m Tief	Biomassennutzung	Luft-Erdwärme-Tauscher	Sole-Wasser-Wärmepumpe
zusätzl. Erzeugung	keine	Dish-Stirling System (Parabolspiegel, zur Stromerzeugung)	Solarthermie	Kessel	Erdwärmesonden in Bohrpfähle 30m Tief	Biomassennutzung	Luft-Erdwärme Tauscher	Sole-Wasser-Wärmepumpe

5.2 Varianten der technischen Gebäudeausrüstung

5.2.1 Variante 1 – Erhöhte Wärmedämmung

Bei dieser Konzeptvariante liegt der Schwerpunkt auf der deutlich erhöhten Fassadendämmung im Vergleich zur Ausgangslösung. Durch eine erhöhte Wärmedämmung an der Fassade und 3-Scheiben-Wärmeschutzverglasung in einem wärmegedämmten Rahmen wird die Untertemperatur am Fenster deutlich reduziert. Aufgrund dieser geringen Untertemperatur und der sehr geringen Kaltluftströmung an der Fassade in den Raum wurde nur noch unter jedem 2. Fenster ein Heizkörper im Vergleich zur Ausgangslage angebracht. Um die Raumflexibilität gegenüber der Ausgangslage zu erhalten, werden die Anschlussklappen in den jeweiligen heizkörperfreien Rastern vormontiert, um ein schnelles und problemloses Nachrüsten zu gewährleisten. Der Sonnenschutz wurde durch eine zweigeteilte Außenjalousie mit oberer Lichtlenkfunktion ersetzt.

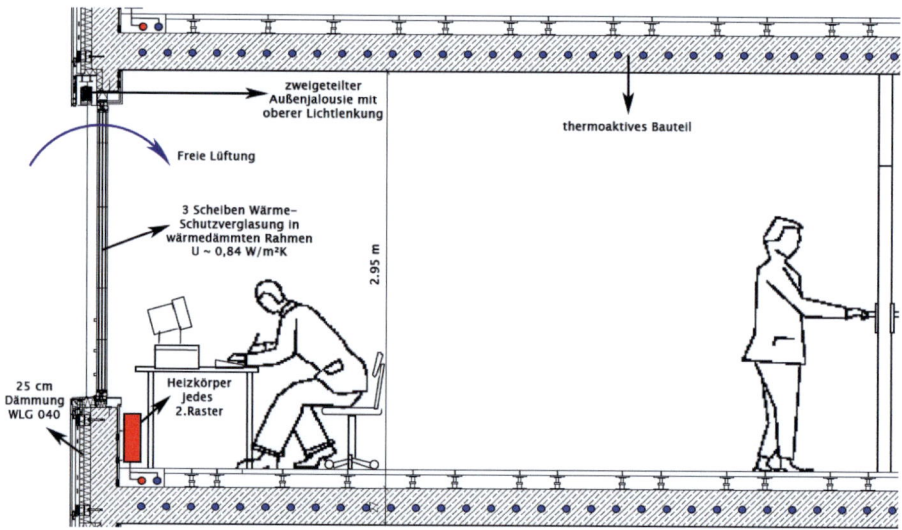

Bild 5.2-1: Büroraumschnitt der Variante 1

Eine 3-Scheiben-Sonnenschutzverglasung fand keine Betrachtung, da sich der Sonnenschutz der Fensterscheiben mit der Sonnenschutzfunktion der Außenjalousie überschneiden würde.

Wie aus Tabelle 5.2-2 zu entnehmen ist, wurden alle weiteren Parameter zur Ausgangslage nicht verändert.

Tabelle 5.2-2: *Variante 1- Erhöhte Wärmedämmung*

Parameter ▼	Ausprägung ► 1	2	3	4	5	6	7	8
Wärme-dämmung	12 cm Mineralwolle WLG 040	Blähperlit, A1, WLG 050	Schaumglas, A1, WLG 040 - 055	künstliche Mineralfaser, A1, WLG 035 - 045	Steinwolle, A2, WLG 033 - 045	Blähton, A1, WLG 100 - 160	25 cm Dämmung WLG 040, U = 0,16W/m²K	20 cm Dämmung, WLG 035 (U = 0,175 W/m²K)
Sonnen-schutz	Horizontal-lamellensonnen-schutz mit 80 mm Lamellenbreite	zweigeteilter Außenjalousie (oberer Teil Lichtlenkung)	zentral steuerbarer außenliegenden Sonnenschutz mit Lichtlenk-Funktion	feststehender Metallrost	Prismensysteme g=0,15 LT=0,7	Konstruktiv	Innenliegender Sonnenschutz Jalousien	keinen
Fenster	Sonnenschutz-isoliergläser Typ 66/34 im Aluminiumrahmen (Uw = 1,37W/m²K)	2-Scheiben-Wärmeschutz-verglasung im Holz-Aluminiumrahmen (Uw = 1,4 W/m²K)	3-Scheiben-Wärme-schutzverglasung in wärmededämmten Rahmen (Uw = 0,84 W/m²K)	3-Scheiben-Sonnenschutz-verglasung (Ug = 1,1W/m²K)	Vakuumglas (Ug = 0,2 W/m²K)			
Heizung	Heizkörper	thermoaktives Bauteil	Fußbodenheizung	Heizdecke	Niedertemperatur-heizkörper	Randstreifen-heizung	Konvektoren	Heizkörper, geringere Dimensionierung, (jedes 2. Ausbauraster)
zusätzl. Heizung	keine	thermoaktives Bauteil	Fußbodenheizung	Heizdecke	Niedertemperatur-heizkörper	Randstreifen-heizung	Konvektoren	Heizkörper
Kühlung	thermoaktives Bauteil	passive Kühlung (automatische Nachtlüftung, mechanisch - Abluftventilatoren)	Fußbodenkühlung	Umluft-Kühlgeräte	Kühldecken, -segel, -buffel	regelbare Kühlbalken	Randstreifen-kühlung	
zusätzl. Kühlung	keine	passive Kühlung (automatische Nachtlüftung, mechanisch - Abluftventilatoren)	Fußbodenkühlung	Umluft-Kühlgeräte	Kühldecken, -segel, -buffel	regelbare Kühlbalken	Randstreifen-kühlung	
Lüftung	freie Lüftung	mechanische Be-und Entlüftung mit Wärmerück-gewinnung	Primärklimaanlagen	Zentralklimaanlagen	Freie Lüftung mit nur Abluftanlage	mechanische Be-und Entlüftung		
Erzeugung	Fernwärme-versorgung	Dish-Stirling System (Parabolspiegel, zur Stromerzeugung)	Solarthermie	Kessel	Erdwärmesonden in Bohrpfähle 30m Tief	Biomassennutzung	Luft-Erdwärme-Tauscher	Sole-Wasser-Wärmepumpe
zusätzl. Erzeugung	keine	Dish-Stirling System (Parabolspiegel, zur Stromerzeugung)	Solarthermie	Kessel	Erdwärmesonden in Bohrpfähle 30m Tief	Biomassennutzung	Luft-Erdwärme Tauscher	Sole-Wasser-Wärmepumpe

5.2.2 Variante 2 – Passivbürohaus

Bei dieser Variante wurden Konzepte für Passivbürohäuser aufgegriffen. Anhand Tabelle 5.2-3 wird ersichtlich, dass bei dieser Variante nur das thermoaktive Bauteil als Kühlung mit der Ausgangslage identisch ist. Ansonsten wurde Wert auf eine stärkere Fassadendämmung und einem Prismensystem als Sonnenschutz gelegt.

Niedertemperaturheizsysteme mit maximalen Heizwassertemperaturen ≤ 35° C sind möglich. Aufgrund der geringen Heizwassertemperatur eignet sich die Sole-Wasser-Wärmepumpe mit ihrer Arbeitszahl sehr gut.

Ein Verzicht auf konventionelle Heizkörper ist möglich, da es zu keinem Kaltluftabfall und keiner thermische Unbehaglichkeit kommt. Das vorhandene thermoaktive Bauteil dient bei dieser Variante neben dem Kühlen, auch zum Heizen der Räume. Zusätzlich können die Räume mit einer Randstreifenheizung/-kühlung geheizt und gekühlt werden. Die Randstreifenelemente besitzen den Vorteil, dass sie, ähnlich wie ein Heizkörper, schnell regelbar sind.

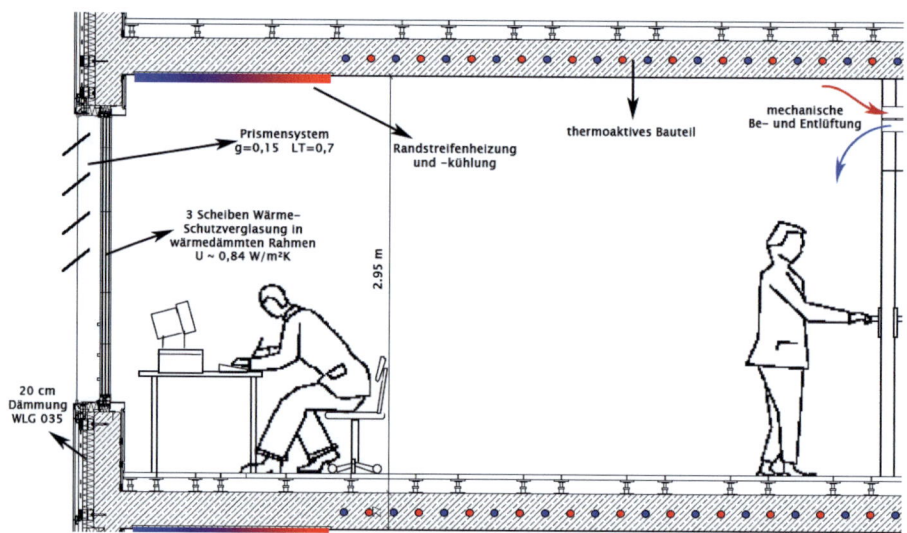

Bild 5.2-2: Büroraumschnitt der Variante 2

Die Lüftung der Räume erfolgt über eine maschinelle Be- und Entlüftungsanlage mit Wärmerückgewinnung. Die 30 vorhandenen Bohrpfähle, welche 30 m Tief in das Erdreich ragen und somit unter dem Grundwasserspiegel liegen, werden in dieser Variante mit Erdwärmetauschern ausgeführt. Es ist im Winter sowie im Sommer immer von einer durchschnittlichen Grundwassertemperatur von +10 °C auszugehen. Zur Energieerzeugung kommt eine Sole-Wasser-Wärmepumpe zu Einsatz, die die benötigte Energie zum Kühlen und Heizen der Büroräume liefert.

Tabelle 5.3-3: Variante 2 - Passivbürohaus

Parameter	Ausprägung ▸ 1	2	3	4	5	6	7	8
Wärmedämmung	12 cm Mineralwolle WLG 040	Blähperlit, A1, WLG 050	Schaumglas, A1, WLG 040 - 055	künstliche Mineralfaser, A1, WLG 035 - 045	Steinwolle, A2, WLG 033 - 045	Blähton, A1, WLG 100 - 160	25 cm Dämmung WLG 040, U = 0,16W/m²K	20 cm Dämmung, WLG 035 (U = 0,175 W/m²K)
Sonnenschutz	Horizontallamellensonnenschutz mit 80 mm Lamellenbreite	zweigeteilter Außenjalousie (oberer Teil Lichtlenkung)	zentral steuerbarer außenliegenden Sonnenschutz mit Lichtlenk-Funktion	feststehender Metallrost	Prismensysteme g=0,15 LT=0,7	Konstruktiv	Innenliegender Sonnenschutz Jalousien	keinen
Fenster	Sonnenschutzisoliergläser Typ 66/34 im Aluminiumrahmen (Uw = 1,37W/m²K)	2-Scheiben-Wärmeschutzverglasung im Holz-Aluminiumrahmen (Uw = 1,4 W/m²K)	3-Scheiben-Wärmeschutzverglasung in wärmededämmten Rahmen (Uw = 0,84 W/m²K)	3-Scheiben-Sonnenschutzverglasung (Ug = 1,1W/m²K)	Vakuumglas (Ug = 0,2 W/m²K)			
Heizung	Heizkörper	thermoaktives Bauteil	Fußbodenheizung	Heizdecke	Niedertemperaturheizkörper	Randstreifenheizung	Konvektoren	Heizkörper, geringere Dimensionierung, (jedes 2. Ausbauraster)
zusätzl. Heizung	keine	thermoaktives Bauteil	Fußbodenheizung	Heizdecke	Niedertemperaturheizkörper	Randstreifenheizung	Konvektoren	Heizkörper
Kühlung	thermoaktives Bauteil	passive Kühlung (automatische Nachtlüftung, mechanisch - Abluftventilatoren)	Fußbodenkühlung	Umluft-Kühlgeräte	Kühldecken, -segel, -buffel	regelbare Kühlbalken	Randstreifenkühlung	
zusätzl. Kühlung	keine	passive Kühlung (automatische Nachtlüftung, mechanisch - Abluftventilatoren)	Fußbodenkühlung	Umluft-Kühlgeräte	Kühldecken, -segel, -buffel	regelbare Kühlbalken	Randstreifenkühlung	
Lüftung	freie Lüftung	mechanische Be- und Entlüftung mit Wärmerückgewinnung	Primärklimaanlagen	Zentralklimaanlagen	Freie Lüftung mit nur Abluftanlage	mechanische Be- und Entlüftung		
Erzeugung	Fernwärmeversorgung	Dish-Stirling System (Parabolspiegel, zur Stromerzeugung)	Solarthermie	Kessel	Erdwärmesonden in Bohrpfähle 30m Tief	Biomassennutzung	Luft-Erdwärme-Tauscher	Sole-Wasser-Wärmepumpe
zusätzl. Erzeugung	keine	Dish-Stirling System (Parabolspiegel, zur Stromerzeugung)	Solarthermie	Kessel	Erdwärmesonden in Bohrpfähle 30m Tief	Biomassennutzung	Luft-Erdwärme Tauscher	Sole-Wasser-Wärmepumpe

5.2.3 Variante 3 – Passive Kühlung

Auch bei dieser Variante wurden Konzepte für Büropassivhäuser aufgegriffen. Wie bei den beiden zuvor beschriebenen Konzepten, wurde auch hier viel Wert auf eine erhöhte Fassadendämmung, 3-Scheiben-Wärmeschutzverglasung und einer zweigeteilten Außenjalousie mit oberer Lichtlenkungsfunktion im oberen Bereich gelegt. Ebenfalls kommen Niedertemperaturheizsysteme zum Einsatz. Zum beheizen der Räume dient bei diesem Konzept eine Fußbodenheizung. Um den Wirkungsgrad dieser Fußbodenheizung zu verbessern, sollte auf den Doppelboden verzichtet werden. Dies bringt Nachteile in Hinblick auf den Trittschall mit sich. Zudem wird die Flexibilität beeinträchtigt, da die Leitungen für die EDV und den Strom nicht mehr im Doppelboden verlegt werden können. Hier würden Installationsschächte an der Fensterbrüstung Abhilfe schaffen.

Ein Vorteil des Weglassens des Doppelbodens ist es, dass sich die Lichte Raumhöhe erhöhen würde. Einschränkungen für ein Großraumbüro auf Grundlage des Grundrisses, wie beim Bavaria Office, gibt es dann nicht.

Um eine freie Nachtlüftung zu realisieren, bedarf es entweder einer motorisierten Klappenreglung der Fenster oder es werden Zuluftöffnungen in die Brüstungsbänder integriert.

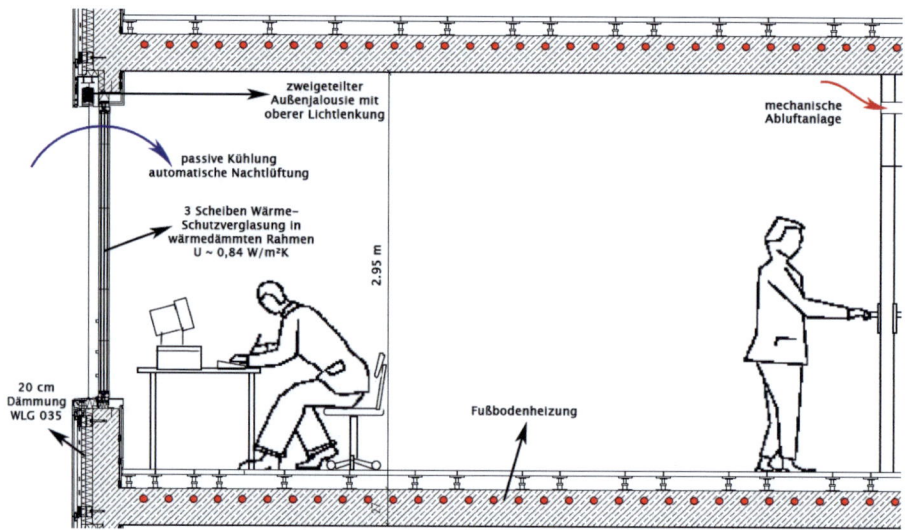

Bild 5.2-3: Büroraumschnitt der Variante 3

Durch eine passive Kühlung (automatische Nachtlüftung) kombiniert mit einer Abluftanlage, welche nur in den Nachtstunden betrieben wird, werden die Büroräume maschinell entlüftet. Hierbei ist ein Luftwechsel in der Nacht von 2 h^{-1} anzusetzen. Eine weitere Steigerung des Luftwechsels bringt kaum noch signifikante Verbesserung, erhöht aber den elektrischen Energieaufwand, welcher zu vermeiden ist.

Die thermische Speicherfähigkeit von Bauteilen, wie zum Beispiel die der Decke, ist träger als die der Luft. Somit können die internen und solaren Wärmelasten über den Tag besser zwischengepuffert werden, was einen starken Anstieg der Lufttemperatur im Raum entgegenwirkt. Die Bauteile werden in der Nacht durch die kühlere Außenluft wieder abgekühlt. Grundsätzlich kann davon ausgegangen werden, dass die

Temperaturdifferenzen zwischen Tag und Nacht in Norddeutschland groß genug sind, um die Bauteile über Nacht wieder abzukühlen.

Tabelle 5.2-4: *Variante 3 – Passive Kühlung*

Parameter ▼ / Ausprägung ▶	1	2	3	4	5	6	7	8
Wärmedämmung	12 cm Mineralwolle WLG 040	Blähperlit, A1, WLG 050	Schaumglas, A1, WLG 040 - 055	künstliche Mineralfaser, A1, WLG 035 - 045	Steinwolle, A2, WLG 033 - 045	Blähton, A1, WLG 100 - 160	25 cm Dämmung WLG 040, U = 0,16W/m²K	20 cm Dämmung, WLG 035 (U = 0,175 W/m²K)
Sonnenschutz	Horizontal-lamellensonnenschutz mit 80 mm Lamellenbreite	zweigeteilter Außenjalousie (oberer Teil Lichtlenkung)	zentral steuerbarer außenliegenden Sonnenschutz mit Lichtlenk-Funktion	feststehender Metallrost	Prismensysteme g=0,15 LT=0,7	Konstruktiv	Innenliegender Sonnenschutz Jalousien	keinen
Fenster	Sonnenschutz-isoliergläser Typ 66/34 im Aluminumrahmen (Uw = 1,37W/m²K)	2-Scheiben-Wärmeschutz-verglasung im Holz-Aluminiumrahmen (Uw = 1,4 W/m²K)	3-Scheiben-Wärmeschutzverglasung in wärmedämmten Rahmen (Uw = 0,84 W/m²K)	3-Scheiben-Sonnenschutz-verglasung (Ug = 1,1W/m²K)	Vakuumglas (Ug = 0,2 W/m²K)			
Heizung	Heizkörper	thermoaktives Bauteil	Fußbodenheizung	Heizdecke	Niedertemperatur-heizkörper	Randstreifen-heizung	Konvektoren	Heizkörper, geringere Dimensionierung, (jedes 2 Ausbauraster)
zusätzl. Heizung	keine	thermoaktives Bauteil	Fußbodenheizung	Heizdecke	Niedertemperatur-heizkörper	Randstreifen-heizung	Konvektoren	Heizkörper
Kühlung	thermoaktives Bauteil	passive Kühlung (automatische Nachtlüftung, mechanisch - Abluftventilatoren)	Fußbodenkühlung	Umluft-Kühlgeräte	Kühldecken, -segel, -buffel	regelbare Kühlbalken	Randstreifen-kühlung	
zusätzl. Kühlung	keine	passive Kühlung (automatische Nachtlüftung, mechanisch - Abluftventilatoren)	Fußbodenkühlung	Umluft-Kühlgeräte	Kühldecken, -segel, -buffel	regelbare Kühlbalken	Randstreifen-kühlung	
Lüftung	freie Lüftung	mechanische Be- und Entlüftung mit Wärmerück-gewinnung	Primärklimaanlagen	Zentralklimaanlagen	Freie Lüftung mit nur Abluftanlage	mechanische Be- und Entlüftung		
Erzeugung	Fernwärme-versorgung	Dish-Stirling System (Parabolspiegel, zur Stromerzeugung)	Solarthermie	Kessel	Erdwärmesonden in Bohrpfähle 30m Tief	Biomassennutzung	Luft-Erdwärme-Tauscher	Sole-Wasser-Wärmepumpe
zusätzl. Erzeugung	keine	Dish-Stirling System (Parabolspiegel, zur Stromerzeugung)	Solarthermie	Kessel	Erdwärmesonden in Bohrpfähle 30m Tief	Biomassennutzung	Luft-Erdwärme Tauscher	Sole-Wasser-Wärmepumpe

Die Energieerzeugung für das Gebäude erfolgt wie in der Ausgangslage durch Anschluss an das vorhandene Fernwärmenetz der Stadt.

5.3 Beurteilung der Varianten

Die 3 Varianten unterscheiden sich von der Ausgangslage nicht nur durch die veränderte technische Gebäudeausrüstung, sondern auch darin, dass in den Räumen andere Raumkonditionen herrschen. Anhand von Simulationen könnten diese unterschiedlichen Raumkonditionen ermittelt werden. Dies betrifft jedoch nicht die Aufgabenstellung.

Allgemein kann man sagen, dass die drei Varianten gegenüber der Ausgangslage den Vorteil besitzen, dass sie im Winter Heizwärmeenergie einsparen. Durch den erhöhten g-Wert der Fenster gibt es höhere solare Gewinne bei den Varianten. Zudem sind die Transmissionswärmeverluste geringer als bei der Ausgangslage.

Die Variante 1 besitzt gegenüber der Ausgangslage einen geringeren Heizwärmebedarf.

Die zweite Variante sollte beim Energieverbrauch und der Behaglichkeit die besten Werte erzielen, da hier jeweils zwei Systeme zum Heizen und Kühlen vorhanden sind und diese sich optimal ergänzen. Die Randstreifenelemente sind schnell regelbar, wie Heizkörper. Die Nutzer haben die Möglichkeit der Sollwerteanpassung bei den Randstreifenelementen. Dies erhöht das Wohlbefinden der Nutzer, da diese direkten Einfluss auf die Raumtemperaturen nehmen können.

Bei der dritten Variante wurde eine Fußbodenheizung verbaut. Der Vorteil einer Fußbodenheizung ist das Wohlempfinden der Personen im Raum. Die Fußbodenheizung hat gegenüber Heizkörpern im Raum eine bessere, gleichmäßigere Temperaturverteilung zur Raumhöhe. Bei der dritten Variante ist aber im Vergleich zur Ausgangslage und den anderen beiden Varianten die Kühlleistung schlechter anzusetzen, da die Außentemperatur in der Nacht nicht beeinflussbar ist und man hier von den örtlichen Bedingungen abhängig ist.

6 Kosten und Wirtschaftlichkeit

6.1 Wirtschaftlichkeitsberechnung nach der Annuitätsmethode

Die Wirtschaftlichkeit von Investitionen kann mit Hilfe der Verfahren aus der Richtlinie VDI 6025 [16] berechnet werden. Hierbei handelt es sich um die Verfahren:

- Kapitalwertmethode
- Annuitätsmethode
- Interner Zinssatz
- Amortisationsmethode

Diese Wirtschaftlichkeitsberechnungen werden in der Richtlinie VDI 6025 [16] ausführlich beschrieben. Es findet die Annuitätsmethode, unter Berücksichtigung von Ersatzbeschaffungen, Anwendung. Sie ist das übliche Verfahren in der VDI 2067 Blatt 1 [17].

Das Annuitätsverfahren gestattet es, einmalige Zahlungen/Investitionen und laufende Zahlungen mit Hilfe des Annuitätsfaktors a während eines Betrachtungszeitraumes T zusammenzufassen. [17]

Anhand der Richtlinie VDI 2067 Blatt 1 [17] werden die Kosten in vier Kostengruppen unterteilt und die, für das Annuitätsverfahren nötigen Gleichungen in den darauf folgenden Kapiteln 6.2 bis 6.4 aufgeführt. Zur Ermittlung der vier Kostenarten sind im Anhang der Richtlinie in den Tabellen A2 und A3 die rechnerische Nutzungsdauer sowie Aufwand für Instandsetzung, Wartung und Bedienung aufgeführt, welche sich auf Heizungsanlagen und Raumlufttechnische Anlagen beziehen. Bei nicht aufgeführten Anlagenteilen, die in der technischen Ausstattung und Funktion einen möglichst gleichwertigen Standard zu vergleichbaren Anlagenteilen aufweisen, können hier die rechnerische Nutzungsdauer sowie Aufwand für Instandsetzung, Wartung und Bedienung übernommen werden.

In Kapitel 6.5 werden alle Bauteile, die für das Annuitätsverfahren von Bedeutung sind mit ihrer rechnerischen Nutzungsdauer sowie Aufwand für Instandsetzung und Wartung aufgelistet.

6.2 Ermittlung der Kosten

Es gibt vier Kostenarten die für das Annuitätsverfahren unterschieden werden:

- kapitalgebundene Kosten
- bedarfs-(verbrauchs-)gebundene Kosten
- betriebsgebundene Kosten
- sonstige Kosten

In der Tabelle 6.2-1 werden die wichtigsten Kostenarten der einzelnen Kostengruppen aufgeführt. Nicht alle der aufgeführten Kostenarten können erfasst werden und fließen somit nicht in die Wirtschaftlichkeitsbetrachtung mit ein. Folgende Kosten wurden Beispielsweise, um nur einige zu nennen, nicht erfasst:

- Kosten für die Planung
- Kosten für bauliche Veränderungen (abweichend von der Ausgangslage)
- Evtl. notwendige Schallschutz- und Feuerschutzmaßnahmen
- Kosten für eine statische Überprüfung

Tabelle 6.2-1:   ***Beispiele für Kostengruppen und Kostenarten*** [17]

Kapitalgebunde Kosten	Bedrafs-(Verbrauchs-) gebundene Kosten	Betriebsgebundene Kosten	Sonstige Kosten
• Anlagenkomponenten, z.B. Wärmeerzeuger, Heizkörper, Ventilatoren usw. • Bauliche Anlagen, z.B. Technikzentralen • Maßnahmen zum Schall- und Wärmeschutz • Anschlusskosten • Instandsetzung	• Energiekosten (Grund- und Arbeitskosten) • Kosten für Hilfsenergie • Kosten für Betriebsstoffe	• Bedienen • Reinigen • Warten • Inspizieren	• Versicherungen • Steuern • Allgemeine Abgaben • Anteilige Verwaltungskosten • Gewinn und Verlust

Die Auszahlungen (Kosten) werden in einmalige Zahlungen und laufende Zahlungen unterteilt. Somit ergeben sich kapital-, bedarfs-/verbrauchs- und betriebsgebundene, sowie sonstige Zahlungen. [17]

6.2.1 Kapitalgebundene Auszahlungen

Als Betrachtungszeitraum bietet sich die Nutzungsdauer der kurzlebigen und/oder kapitalintensiveren Anlagenkomponente an; für die übrigen Anlagenkomponenten ist der Restwert zu ermitteln. Bei längeren Betrachtungszeiträumen sind die Ersatzbeschaffungen zu berücksichtigen.

Die Annuität der kapitalgebundenen Auszahlungen errechnet sich aus Gleichung (1):

$$A_{N,K} = \left(A_0 + A_1 + A_2 + ... A_n - R_W \right) \cdot a + \frac{f_K}{100} \cdot A_0 \cdot ba_{IN} \tag{1}$$

mit:

$A_{N,K}$	Annuität der kapitalgebundenen Zahlungen in €/a
A_0	Investitionsbetrag in €
$A_{1, 2, ..., n}$	Barwert der ersten, zweiten, ..., n-ten Ersatzbeschaffung
R_W	Restwert
a	Annuitätsfaktor
f_K	Faktor für die Instandsetzung in % des Investitionsbetrages im Jahr
ba_{IN}	preisdynamischer Annuitätsfaktor für Instandsetzungszahlungen

Die Barwerte der Ersatzbeschaffungen ergeben sich aus Gleichung (2):

$$A_n = A_0 \cdot \frac{r^{(n \cdot T_N)}}{q^{(n \cdot T_N)}} \tag{2}$$

mit:

T_N	Nutzungsdauer der Anlagenkomponente in Jahren
q	Zinsfaktor
r	Preisänderungsfaktor
n	Anzahl der Ersatzbeschaffungen innerhalb des Betrachtungszeitraums

Der Restwert wird durch lineare Abschreibung des Investitionsbetrages bis zum Ende des Betrachtungszeitraumes und Abzinsung auf den Beginn des Betrachtungszeitraumes ermittelt. Übersteigt der Betrachtungszeitraum T die Nutzungsdauer T_N der betrachteten Komponente, wird nicht der (Anfangs-)Investitionsbetrag linear abge-schrieben, sondern die Ersatzinvestition. Der Restwert ergibt sich aus Gleichung (3):

$$R_W = A_0 \cdot r^{(n \cdot T_N)} \cdot \frac{(n+1) \cdot T_N - T}{T_N} \cdot \frac{1}{q^T} \qquad (3)$$

mit: T Betrachtungszeitraum in Jahren

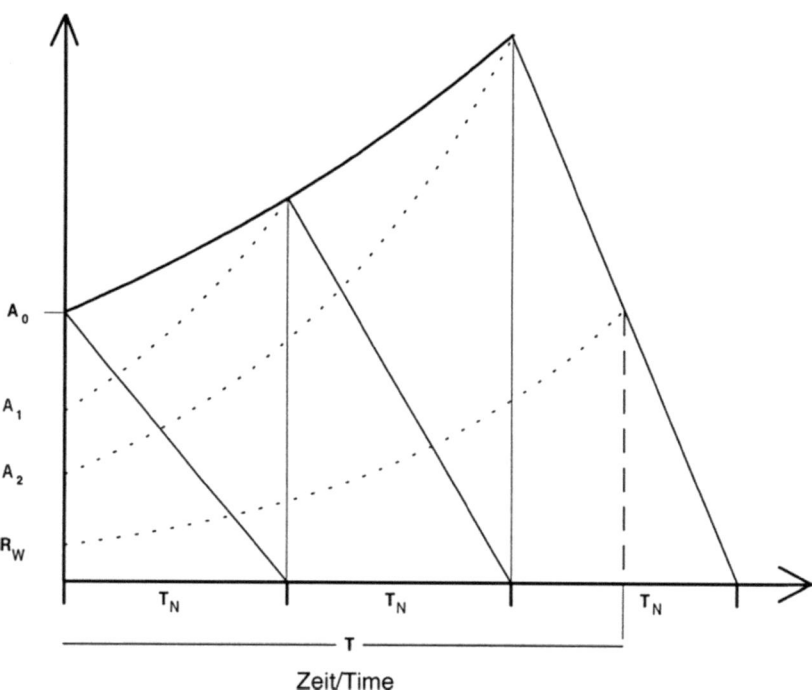

Bild 6.2-1: Barwert der Ersatzbeschaffungen [18]

Bild 6.2-1 zeigt die Preisänderung einer Komponente zum Anfangswert A_0 mit ent-sprechendem Preisänderungsfaktor. Mit Ablauf der Nutzungszeit T_N wird eine Er-satzbeschaffung notwendig. Diese besitzt den Barwert A_1. Dieser Barwert wird auf den heutigen Tag abgezinst. Entsprechend wird mit den weiteren Barwerten und dem Restwert der Komponente umgegangen.

Der Annuitätsfaktor ergibt sich aus Gleichung (4):

$$a = \frac{q^T \cdot (q-1)}{q^T - 1} = \frac{q-1}{1-q^{-T}}$$

(4)

Wird davon ausgegangen, dass während des Betrachtungszeitraumes sich bei den laufenden Auszahlungen für Instandhaltung Preisänderungen ergeben, so sind diese Zahlungen mit dem preisdynamischen Annuitätsfaktor zu multiplizieren. Gleichung (5) ergibt den preisdynamischen Annuitätsfaktor für Instandsetzungszahlungen:

$$ba_{IN} = b_{IN} \cdot a$$

(5)

mit: b_{IN} Barwertfaktor für Instandsetzungszahlungen

Der Barwertfaktor b ermittelt sich aus Gleichung (6):

$$b = \frac{1-\left(\dfrac{r}{q}\right)^T}{q-r}$$

(6)

Wenn $r = q$, gilt $b = \dfrac{T}{q}$.

6.2.2 Bedarfs-(Verbrauchs-)gebundene Auszahlungen

Die bedarfs-(verbrauchs-)gebundene Auszahlungen ergeben sich nach der Gleichung (7):

$$A_{N,V} = A_{V1} \cdot ba_V$$

(7)

mit: $A_{N,V}$ Annuität der bedarfs-(verbrauchs-)gebundenen Zahlungen

A_{V1} bedarfs-(verbrauchs-)gebundene Zahlungen im ersten Jahr

ba_V preisdynamischer Annuitätsfaktor für bedarfs-(verbrauchs-) gebundene Zahlungen

Der preisdynamische Annuitätsfaktor für bedarfs-(verbrauchs-)gebundene Zahlungen ergibt sich aus der Gleichung (8):

$$ba_V = b_V \cdot a \tag{8}$$

mit: b_V Barwertfaktor für bedarfs-(verbrauchs-)gebundene Zahlungen

Die verbrauchsgebundenen Zahlungen werden mit Gleichung (9) ermittelt:

$$A_{V1} = Q_{3,\text{Wärme}} \cdot Preis_{\text{Wärme}} + Q_{3,\text{Kälte}} \cdot Preis_{\text{Kälte}} + Q_{3,\text{Strom}} \cdot Preis_{\text{Strom}}$$
$$+ Q_{3,\text{Wasser}} \cdot Preis_{\text{Wasser}} \tag{9}$$

mit: $Q_{3,\text{Wärme}}$ Energieaufwand der Wärmeerzeugung in kWh/a

      $Q_{3,\text{Kälte}}$ Energieaufwand der Kälteerzeugung in kWh/a

      $Q_{3,\text{Strom}}$ Stromaufwand in kWh/a

      $Q_{3,\text{Wasser}}$ Wasseraufwand in m³/a

      Preis   in €/kWh bzw. €/m³

6.2.3 Betriebsgebundene Auszahlungen

Die betriebsgebundenen Zahlungen unterliegen ebenfalls Änderungen, die zum Beispiel durch ein verändertes Lohnniveau hervorgerufen werden können. Für sie ergibt sich unter Berücksichtigung von Preisänderungen analog zu den verbrauchsgebundenen Zahlungen folgende Gleichung (10):

$$A_{N,B} = A_{B1} \cdot ba_B \tag{10}$$

mit: $A_{N,B}$ Annuität der betriebsgebundenen Zahlungen in €

      A_{B1} betriebsgebundene Zahlungen im ersten Jahr

      ba_B preisdynamischer Annuitätsfaktor für betriebsgebundene Zahlungen

Der preisdynamische Annuitätsfaktor für betriebsgebundene Zahlungen ergibt sich aus der Gleichung (11):

$$ba_B = b_B \cdot a \tag{11}$$

mit: b_B Barwertfaktor für betriebsgebundene Zahlungen

6.2.4 Sonstige Zahlungen

Die Annuität der sonstigen Zahlungen ergibt sich entsprechend dem vorangegangenen Ansatz aus der Gleichung (12):

$$A_{N,S} = A_{S1} \cdot ba_S \tag{12}$$

mit: $A_{N,S}$ Annuität der sonstigen Zahlungen in €
       A_{S1} sonstige Zahlungen im ersten Jahr
       ba_S preisdynamischer Annuitätsfaktor für sonstige Zahlungen

Der preisdynamische Annuitätsfaktor für sonstige Zahlungen ergibt sich aus der Gleichung (13):

$$ba_S = b_S \cdot a \tag{13}$$

mit: b_S Barwertfaktor für sonstige Zahlungen

6.3 Einzahlungen

Einzahlungen (Erlöse) können projekt- und betreiberabhängig in gleicher Art wie die vorstehend dargestellten Auszahlungen entstehen. Dies gilt für kapitalgebundene Einzahlungen (Investition, Zuschüsse), für verbrauchsgebundene Einzahlungen und betriebsgebundene Einzahlungen. Anzuwenden sind die Berechnungsformeln gemäß Kapitel 6.2.

Soweit Einzahlungen nicht nach einzelnen Zahlungsarten differenziert werden, können sie durch folgende Gleichung (14) – unter der Annahme von Preisänderungen – erfasst werden:

$$A_{N,E} = E_1 \cdot ba_E \tag{14}$$

mit: $A_{N,E}$ Annuität der Einzahlungen in €

     E_1 Einzahlungen im ersten Jahr

     ba_E preisdynamischer Annuitätsfaktor für Einzahlungen

Der preisdynamische Annuitätsfaktor für Einzahlungen folgt aus der Gleichung (15):

$$ba_E = b_E \cdot a \tag{15}$$

mit: b_E Barwertfaktor für Einzahlungen

Einzahlungen durch eventuelle Zuschüsse und Förderungen werden nicht berücksichtigt.

6.4 Annuität der Jahresgesamtzahlungen

Die Differenz aus der Einzahlungsannuität und der Summe der kapitalgebundenen, bedarfs-(verbrauchs-)gebundenen, betriebsgebundenen und sonstigen Auszahlungsannuitäten ergibt die Gesamtannuität A_N aller Zahlungen einer Anlage:

$$A_N = A_{N,E} - \left(A_{N,K} + A_{N,V} + A_{N,B} + A_{N,S}\right) \tag{16}$$

mit: A_N Gesamtannuität

Da die Gesamtannuität A_N für die Ausgangslage und die 3 Varianten < 0 ist, ist die günstigste Variante diejenige, die am wenigsten Auszahlungen verursacht.

Dieser Betrag ist der durchschnittliche Betrag, der jedes Jahr für die Anschaffung, die Instandsetzung, Wartung und den Betrieb der Komponenten aufzuwenden ist.

56

6.5 Rechnerische Randbedingungen

Die aufgeführten Komponenten in der Tabelle 6.5-1 geben die rechnerische Nutzungsdauer sowie Aufwand für Instandsetzung und Wartung nach der VDI 2067 [17] wieder. Nicht in der VDI 2067 [17] aufgeführte Anlagen, die in der technischen Ausstattung einen möglichst gleichwertigen Standard aufweisen, können übernommen werden. Es gilt zu beachten, dass keine komplette Ausführungsplanung kalkuliert wurde. Mehrere Anlagenteile der technischen Gebäudeausrüstung wurden zu einem Überbegriff zusammengefasst.

Die aufgeführten Anlagen beziehen sich laut der VDI 2067 [17] auf die Heizungsanlagen und die raumlufttechnischen Anlagen. Bei den ausgeführten und geplanten Komponenten der Fassade, wurden allgemeine Hersteller- und Verbraucherangaben für die rechnerische Nutzungsdauer sowie für den Aufwand der Instandsetzung und Wartung herangezogen.

Der Nutzungszeitraum wurde mit 30 Jahren gewählt. Die Investitionskosten wurden von den Projektplanern ermittelt, welche auch bereits die Ausgangslage kalkulierten. Ein geringer Anteil der Investitionskosten wurde als Nettolistenpreise von den Geräteherstellern herangezogen. Bei den genannten Kosten handelt es sich um Nettokosten.

Es erfolgte eine Abschätzung des elektrischen Energiebedarfs, sowie des Kälte- und Wärmebedarfs für die Varianten, als auch für die Ausgangslage.

Die verwendeten Zinssätze in den Berechnungen entsprechen den am Deutschen Markt üblichen Sätzen und denen der VDI 2067 [17]. Der Preisänderungsfaktor für die kapitalgebundene Kosten beträgt $r = 1,03$; der Zinsfaktor $q = 1,07$.

Tabelle 6.5-1: Ausgeführte Anlagenkomponenten

Anlagenkomponente	Rechn. Nutzungs- dauer[1])	Aufwand für Instand- setzung[2])	Aufwand für Wartung[2])
1 Fassadenkomponente			
Wärmedämmverbundsystem	30	1	0
Fensterbänder (incl. Rahmen und Verglasung)	25	2	0,5
Außenjalousie mit/ohne Lichtlenkfunktion	20	2	1
Prismensystem	30	1	1
2 Heizung			
Konvektoren mit Verkleidung	30	2	0
Warmwasserfußbodenheizung	30	1	0
Rohrleitungen	30	0,5	0
Heizungstechnisches Zubehör	10	1	0
Randstreifenheizung	30	1	0
Thermoaktives Bauteil	30	1	0
2.1 Erzeugung			
Fernwärmeanschluss, Zentraleinrichtung und Zubehör	20	2	0,5
Sole-Wasser-Wärmepumpe	20	3	1
Erdwärmesonden in Bohrpfähle	30	1	0
3 Kühlung			
Thermoaktives Bauteil	30	1	0
Kälteerzeugung	15	1,5	1
Randstreifenkühlung	30	1	0
4 Raumlufttechnische Anlagen			
Geräte	20	2	5
Kanäle	20	0	1
Raumlufttechnisches Zubehör	20	0	0,5
Be- und Entlüftungsanlage mit WRG	20	1,5	2
Abluftanlage	20	1,5	2
5 MSR-Technik			
MSR für die passive Kühlung	20	1	2

[1]) in Jahren
[2]) in Prozent der Investitionssumme pro Jahr und Komponente

6.6 Ergebnisse der Annuitätsmethode

6.6.1 Ergebnis der Ausgangslage

Für die Ausgangslage wurden die Investitionskosten A_0 für technische Gebäudeausrüstung in Höhe von € 2.667.194,- ermittelt. In Tabelle 6.6-1 sind neben den Investitionskosten der einzelnen Komponenten auch die Nutzungsdauer, die hieraus resultierende Ersatzhäufigkeit und der Zinssatz für die Instandhaltungskosten angegeben.

Tabelle 6.6-1: **Investitionskosten Ausgangslage**

Zins in %	Betrachtungszeitraum in a	T	30		Annuitätsfaktor a	0,0806	
7	Aufzinsungsfaktor	q	1,070		Barwertfaktor	Preisdyna-mischer Annuitäts-faktor	
3	Kapitalgebundene Zahlungen	r_K	1,030	b_K	17,028	ba_K	1,372
3	bedarfs-(verbrauchs-)geb. Zahlungen	r_V	1,030	b_V	17,028	ba_V	1,372
2	betriebsgebundene Zahlungen	r_B	1,020	b_B	15,241	ba_B	1,228
2	sonstige Zahlungen	r_S	1,020	b_S	15,241	ba_S	1,228
3	Zahlungen für Instandhaltung	r_{IN}	1,030	b_{IN}	17,028	ba_{IN}	1,372
3	Einzahlungen	r_E	1,030	b_E	17,028	ba_E	1,372

Komponen-ten Nr.	Nutzungs-dauer in a	f_K in %	Ersatz-häufigkeit	Bezeichnung des Bauteils	Investition in €
	T_N		n		A_0
1	30	1	0	Wärmedämmverbundsystem	51.589,00
2	25	2	1	Fensterbänder	1.227.613,00
3	20	2	1	Außenjalousie	262.426,00
4	30	2	0	Konvektoren mit Verkleidung	177.711,00
5	30	0,5	0	Rohrleitungen	152.377,00
6	10	1	2	Heizungstechnischer Zubehör	24.643,00
7	20	2	1	Fernwärmeanschluss, Zentraleinrichtung und Zubehör	39.352,00
8	30	1	0	Thermoaktives Bauteil	153.809,00
9	15	1,5	1	Kälteerzeugung	189.232,00
10	20	2	1	RLT Geräte	127.310,00
11	20	0	1	RLT Kanäle	127.377,00
12	20	0	1	RLT Zubehör	133.755,00
13			0		
14			0		
15			0		
16			0		
17			0		
18			0		
19			0		
20			0		
				Investitionsbetrag	2.667.194,00

Die bedarfs-(verbrauchs-)gebundenen Zahlungen bestehen bei der Ausgangslage aus den Jahresbetriebskosten der Fernwärme und des Jahresenergiebedarfs Strom. Für die Kälteversorgung fallen ausschließlich Stromkosten an. Für die Ermittlung der Jahresbetriebskosten der Fernwärme sind der Jahres-Heizwärmebedarf und der Jahres-Wärmeendenergiebedarf aus der EnEV [4] relevant.

Tabelle 6.6-2: **Jahres-Heizwärmebedarf der Ausgangslage**

Nutzbare Gewinne	[kWh/a]	Verluste	[kWh/a]
Solare Gewinne:	289.364	Transmission:	671.334
Interne Gewinne:	505.561	Wärmebrücken:	96.600
		Lüftungsverluste:	738.037
		Nachtabsenkung:	-67.853
		Solare opake Bauteile:	-13.449
	794.925		1.424.669

→Jahres-Heizwärmebedarf $Q_{HA,Ausgl}$: 629.599 [kWh/a]

Bei einer Nutzfläche von 14141,2 m² folgt der flächenbezogene Verlust der Wärme-übergabe θ_{ce} von 1,1 kWh/m²a, der flächenbezogene Wärmeverlust der Verteilung auf θ_d von 0,4 kWh/m²a und der Aufwandszahl e_g der Erzeugung von 1,01, ermittelt sich mit Hilfe der DIN 4701 Teil 10 [18] eine Wärmeendenergie von:

$Q_{H,E,Ausg}$ = 675.886 kWh/a oder pro m² von $\theta_{H,E,Ausg}$ = 47,80 kWh/m²a.

Aus der Energiekostenabschätzung [3] ermitteln sich die Jahresbetriebskosten der Fernwärme wie folgt:

Voraussichtliche Jahres-Wärmeendenergie $Q_{H,E,Ausg}$ 675.886 kWh/a

$$\eta_{ges} = \eta_a \cdot \eta_V$$

mit: η_{ges} Gesamtwirkungsgrad

       η_a mittlerer Jahresnutzungsgrad η_a = 1,00

       η_V Verteilungsgrad η_V = 0,90

Daraus folgt ein Gesamtwirkungsgrad von: η_{ges} = 0,90

Eingestellter Heizwasserdurchfluss	5.950 l/h
Grundpreis	5,70 €/l/h
Preisänderungsfaktor Grundpreis	1,0770
Arbeitspreis	0,0205 €/kWh
Preisänderung Arbeitspreis	1,4062
Messpreis	35,79 €/Monat

Durch die nachfolgende Gleichung erhält man die Jahresbetriebskosten der Fernwärme:

$$\left(\frac{675.886}{0,9} \cdot 0,0205 \cdot 1,4062\right) + \left(5950 \cdot 5,70 \cdot 1,077\right) + \left(35,79 \cdot 12\right) \approx 58.605$$

Die Jahresbetriebskosten der Fernwärme belaufen sich auf <u>58.605,- €</u>.
Die Jahresenergiekosten für Strom wurden wie folgt ermittelt:

Voraussichtliche Gebäudeanschlussleistung	342 kW
Vollbenutzungsstunden inkl. Kälte	2.300 h
Jahresenergiebedarf Strom $(342\,kW \cdot 2.300\,h)$	= 786.600 kWh/a
Kosten pro kWh	0,19 €/kWh

$$\text{Jahresbetriebskosten für Strom}\ \left(\frac{786.600\ kWh}{a} \cdot \frac{0,19\ €}{kWh}\right) = \underline{149.454,-\ €/a}$$

Somit belaufen sich die bedarfs-(verbrauchs-)gebundenen Zahlungen bei der Ausgangslage auf € 208.059,- im Jahr und ergeben eine jährliche Annuität von
€ 285.511,-.

Die betriebsgebundenen Kosten wurden mit Hilfe der Tabelle 6.6-1 und der VDI 2067
[17] ermittelt und ergeben eine jährliche Annuität von € 23.531,-.

Tabelle 6.6-3:   Gesamtannuität Ausgangslage

Kompo-nenten Nr.	Barwert der Ersatzinvestition in €			Barwert des Restwerts	Summe der Barwerte	Summe der Barwerte • a (Annuität)	Barwert Instandhaltungs-kosten	Annuität der Instandhaltungs-kosten	Annuität der kapitalgebunden-en Zahlungen
	A_1	A_2	A_3	R_W	$A_0+A_1+A_2$ $+A_3+R_W$	$(A_0+A_1+A_2$ $+A_3+R_W)\cdot a$	$f_K \cdot A_0 \cdot b_{IN}$	$f_K \cdot A_0 \cdot ba_{IN}$	$A_{N,K}$
1	0,00	0,00	0,00	0,00	51.589,00	4.157,37	8.784,80	707,94	4.865,31
2	473.584,69	0,00	0,00	270.127,47	1.431.070,22	115.324,80	418.086,64	33.692,10	149.016,90
3	122.483,00	0,00	0,00	31.132,07	353.776,92	28.509,61	89.374,10	7.202,34	35.711,95
4	0,00	0,00	0,00	0,00	177.711,00	14.321,09	60.522,82	4.877,32	19.198,41
5	0,00	0,00	0,00	0,00	152.377,00	12.279,51	12.973,71	1.045,50	13.325,02
6	16.835,58	11.501,71	0,00	0,00	52.980,29	4.269,49	4.196,32	338,17	4.607,66
7	18.366,90	0,00	0,00	4.668,40	53.050,50	4.275,15	13.402,06	1.080,02	5.355,17
8	0,00	0,00	0,00	0,00	153.809,00	12.394,91	26.191,27	2.110,66	14.505,57
9	106.855,35	0,00	0,00	0,00	296.087,35	23.860,61	48.334,88	3.895,13	27.755,75
10	59.419,84	0,00	0,00	15.103,02	171.626,82	13.830,79	43.357,81	3.494,05	17.324,84
11	59.451,11	0,00	0,00	15.110,96	171.717,14	13.838,07	0,00	0,00	13.838,07
12	62.427,93	0,00	0,00	15.867,60	180.315,34	14.530,96	0,00	0,00	14.530,96
13	0,00	0,00	0,00	0,00	0,00	0,00	0,00	0,00	0,00
14	0,00	0,00	0,00	0,00	0,00	0,00	0,00	0,00	0,00
15	0,00	0,00	0,00	0,00	0,00	0,00	0,00	0,00	0,00
16	0,00	0,00	0,00	0,00	0,00	0,00	0,00	0,00	0,00
17	0,00	0,00	0,00	0,00	0,00	0,00	0,00	0,00	0,00
18	0,00	0,00	0,00	0,00	0,00	0,00	0,00	0,00	0,00
19	0,00	0,00	0,00	0,00	0,00	0,00	0,00	0,00	0,00
20	0,00	0,00	0,00	0,00	0,00	0,00	0,00	0,00	0,00
	919.424,39	11.501,71	0,00	352.009,52	3.246.110,59	261.592,38	725.224,41	58.443,23	320.035,60

Bedarfs-(verbrauchs-)gebundene Zahlungen

A_{V1} in €/a	208.059,00	Annuität der verbrauchsgebundenen Kosten	$A_{N,V} = A_{V1} \cdot ba_V$	285.511,17

Betriebsgebundene Zahlungen

A_{B1} in €/a	19.159,00	Annuität der betriebsgebundenen Kosten	$A_{N,B} = A_{B1} \cdot ba_B$	23.531,31

Sonstige Zahlungen

A_{S1} in €/a	0,00	Annuität der sonstigen Kosten	$A_{N,S} = A_{S1} \cdot ba_S$	0,00

Einzahlungen

E_1 in €/a	0,00	Annuität der Einzahlungen	$A_{N,E} = E_1 \cdot ba_E$	0,00

Gesamtkosten

Gesamtannuität	$A_N = A_{N,E} - (A_{N,K} + A_{N,V} + A_{N,B} + A_{N,S})$	-629.078,08

Es ergibt sich für die Ausgangslage eine jährliche Gesamtannuität von:

$$A_{N,Ausg} \approx -629.078,- €$$

6.6.2 Ergebnis der Variante 1

Durch die verbesserten Fassadeneigenschaften und der Lichtlenkung der Außenjalousie stiegen die Investitionskosten der Variante 1 im Vergleich zur Ausgangslage um € 659.491,- auf € 3.326.685,-.

Tabelle 6.6-4: *Investitionskosten Variante 1*

Zins in %		Betrachtungszeitraum in a	T	30		Annuitätsfaktor a	0,0806
7		Aufzinsungsfaktor	q	1,070	Barwertfaktor	Preisdyna-mischer Annuitäts-faktor	
3		Kapitalgebundene Zahlungen	r_K	1,030	b_K	17,028	ba_K	1,372
3		bedarfs-(verbrauchs-)geb. Zahlungen	r_V	1,030	b_V	17,028	ba_V	1,372
2		betriebsgebundene Zahlungen	r_B	1,020	b_B	15,241	ba_B	1,228
2		sonstige Zahlungen	r_S	1,020	b_S	15,241	ba_S	1,228
3		Zahlungen für Instandhaltung	r_{IN}	1,030	b_{IN}	17,028	ba_{IN}	1,372
3		Einzahlungen	r_E	1,030	b_E	17,028	ba_E	1,372

Komponenten Nr.	Nutzungsdauer in a	f_K in %	Ersatzhäufigkeit	Bezeichnung des Bauteils	Investition in €
	T_N		n		A_0
1	30	1	0	Wärmedämmverbundsystem	162.189,00
2	25	2	1	Fensterbänder	1.740.013,00
3	20	2	1	Zweigeteilte Außenjalousie mit Lichtlenkfunktion	401.628,00
4	30	2	0	Konvektoren mit Verkleidung	75.000,00
5	30	0,5	0	Rohrleitungen	152.377,00
6	10	1	2	Heizungstechnischer Zubehör	24.643,00
7	20	2	1	Fernwärmeanschluss, Zentraleinrichtung und Zubehör	39.352,00
8	30	1	0	Thermoaktives Bauteil	153.809,00
9	15	1,5	1	Kälteerzeugung	189.232,00
10	20	2	1	RLT Geräte	127.310,00
11	20	0	1	RLT Kanäle	127.377,00
12	20	0	1	RLT Zubehör	133.755,00
13			0		
14			0		
15			0		
16			0		
17			0		
18			0		
19			0		
20			0		
				Investitionsbetrag	3.326.685,00

Die Verbesserungen der Dämmung an der Fassade nehmen einen deutlichen Einfluss auf die Heizlast des Gebäudes und somit auf den Jahres-Heizwärmebedarf und die Jahres-Wärmeendenergie. Durch Vergleichsrechnungen konnte festgestellt werden, dass die Transmissionswärmeverluste um 40 % gegenüber der Ausgangslage sanken. Diese 40 % geringeren Transmissionswärmeverluste wurden analog für die Berechnung des Jahres-Heizwärmebedarfs übernommen. Durch die Änderung von Sonnenschutzverglasung auf Wärmeschutzverglasung wurde der Gesamtenergiedurchlass von 34 % auf 52 % erhöht, was zur Folge hat, dass die solaren Gewinne in den Raum steigen. Die Gewinne durch solare opake Bauteile haben gegenüber der Ausgangslage leicht abgenommen. Die internen Gewinne sowie die Verluste aus Wärmebrücken, Lüftungsverluste und Nachtabsenkung bleiben zu der Ausgangslage unberührt.

Durch diese Maßnahmen konnte die Jahres-Wärmeendenergie gesenkt werden.

Tabelle 6.6-5: *Jahres-Heizwärmebedarf der Varianten*

Nutzbare Gewinne	[kWh/a]	Verluste	[kWh/a]
Solare Gewinne:	442.556	Transmission:	402.800
Interne Gewinne:	505.561	Wärmebrücken:	96.600
		Lüftungsverluste:	738.037
		Nachtabsenkung:	-67.853
		Solare opake Bauteile:	-9.449
	948.117		1.160.135
→Jahres-Heizwärmebedarf $Q_{HA,Vi}$: 212.018 [kWh/a]			

Da sich an der Übergabe, der Verteilung und an dem Erzeuger bei dieser Variante gegenüber der Ausgangslage nichts verändert, ermittelt sich nach der DIN 4701 Teil 10 [18] die Wärmeendenergie pro m² von $\theta_{H,E,V1}$ = 17,97 kWh/m²a. Das Gebäude hat somit einen Wärmeendenergiebedarf von $Q_{H,E,V1}$ = 254.129 kWh/a.

Auf Grundlage der Energiekostenberechnung, siehe 6.6.1, ergeben sich folgende Jahresbetriebskosten der Fernwärme für die Variante 1 von € 33.223. Der in der Ausgangslage eingestellte Heizwasserdurchfluss konnte in dieser Variante Aufgrund der geringeren Heizlast um 1934 l/h laut des Energieversorgers Vattenfall gesenkt werden.

Für den Stromverbrauch, einschließlich Strom für die Kältemaschinen, wurden jährliche Gesamtkosten von € 149.454 ermittelt.

Somit belaufen sich die bedarfs-(verbrauchs-)gebundenen Zahlungen bei der Variante 1 auf € 182.677,- im Jahr und haben eine jährliche Annuität von € 250.680,-.

Die betriebsgebundenen Kosten ergeben eine jährliche Annuität von € 28.388,-.

Tabelle 6.6-6: Gesamtannuität Variante 1

Kompo-nenten Nr.	Barwert der Ersatzinvestition in €			Barwert des Restwerts	Summe der Barwerte	Summe der Barwerte · a (Annuität)	Barwert Instandhaltungs-kosten	Annuität der Instandhaltungs-kosten	Annuität der kapitalgebunden-en Zahlungen
	A_1	A_2	A_3	R_W	$A_0+A_1+A_2$ $+A_3+R_W$	$(A_0+A_1+A_2$ $+A_3+R_W)\cdot a$	$f_K \cdot A_0 \cdot b_{IN}$	$f_K \cdot A_0 \cdot ba_{IN}$	$A_{N,K}$
1	0,00	0,00	0,00	0,00	162.189,00	13.070,23	27.618,25	2.225,66	15.295,88
2	671.256,75	0,00	0,00	382.877,43	2.028.392,32	163.460,84	592.594,08	47.755,03	211.215,87
3	187.453,23	0,00	0,00	47.645,86	541.435,37	43.632,33	136.781,95	11.022,77	54.655,09
4	0,00	0,00	0,00	0,00	75.000,00	6.043,98	25.542,66	2.058,39	8.102,37
5	0,00	0,00	0,00	0,00	152.377,00	12.279,51	12.973,71	1.045,50	13.325,02
6	16.835,58	11.501,71	0,00	0,00	52.980,29	4.269,49	4.196,32	338,17	4.607,66
7	18.366,90	0,00	0,00	4.668,40	53.050,50	4.275,15	13.402,06	1.080,02	5.355,17
8	0,00	0,00	0,00	0,00	153.809,00	12.394,91	26.191,27	2.110,66	14.505,57
9	106.855,35	0,00	0,00	0,00	296.087,35	23.860,61	48.334,88	3.895,13	27.755,75
10	59.419,84	0,00	0,00	15.103,02	171.626,82	13.830,79	43.357,81	3.494,05	17.324,84
11	59.451,11	0,00	0,00	15.110,96	171.717,14	13.838,07	0,00	0,00	13.838,07
12	62.427,93	0,00	0,00	15.867,60	180.315,34	14.530,96	0,00	0,00	14.530,96
13	0,00	0,00	0,00	0,00	0,00	0,00	0,00	0,00	0,00
14	0,00	0,00	0,00	0,00	0,00	0,00	0,00	0,00	0,00
15	0,00	0,00	0,00	0,00	0,00	0,00	0,00	0,00	0,00
16	0,00	0,00	0,00	0,00	0,00	0,00	0,00	0,00	0,00
17	0,00	0,00	0,00	0,00	0,00	0,00	0,00	0,00	0,00
18	0,00	0,00	0,00	0,00	0,00	0,00	0,00	0,00	0,00
19	0,00	0,00	0,00	0,00	0,00	0,00	0,00	0,00	0,00
20	0,00	0,00	0,00	0,00	0,00	0,00	0,00	0,00	0,00
	1.182.066,69	11.501,71	0,00	481.273,27	4.038.980,14	325.486,88	930.992,99	75.025,38	400.512,26

Bedarfs-(verbrauchs-)gebundene Zahlungen

A_{V1} in €/a	182.677,00	Annuität der verbrauchsgebundenen Kosten	$A_{N,V} = A_{V1} \cdot ba_V$	250.680,45

Betriebsgebundene Zahlungen

A_{B1} in €/a	23.113,00	Annuität der betriebsgebundenen Kosten	$A_{N,B} = A_{B1} \cdot ba_B$	28.387,66

Sonstige Zahlungen

A_{S1} in €/a	0,00	Annuität der sonstigen Kosten	$A_{N,S} = A_{S1} \cdot ba_S$	0,00

Einzahlungen

E_1 in €/a	0,00	Annuität der Einzahlungen	$A_{N,E} = E_1 \cdot ba_E$	0,00

Gesamtkosten

Gesamtannuität	$A_N = A_{N,E} - (A_{N,K} + A_{N,V} + A_{N,B} + A_{N,S})$	-679.580,37

Für die Variante 1 wurde eine jährliche Gesamtannuität von: $A_{N,V1} \approx -679.580,- €$ ermittelt.

6.6.3 Ergebnis der Variante 2

Die Investitionskosten haben sich im Vergleich zur Ausgangslage um € 1.044.429,- auf € 3.711.623,- erhöht, was man auch der Tabelle 6.6-7 entnehmen kann.

Tabelle 6.6-7: Investitionskosten Variante 2

Betrachtungszeitraum in a	T	30		Annuitätsfaktor a	0,0806

Zins in %

7	Aufzinsungsfaktor	q	1,070	Barwertfaktor		Preisdynamischer Annuitätsfaktor
3	Kapitalgebundene Zahlungen	r_K	1,030	b_K	17,028	ba_K 1,372
3	bedarfs-(verbrauchs-)geb. Zahlungen	r_V	1,030	b_V	17,028	ba_V 1,372
2	betriebsgebundene Zahlungen	r_B	1,020	b_B	15,241	ba_B 1,228
2	sonstige Zahlungen	r_S	1,020	b_S	15,241	ba_S 1,228
3	Zahlungen für Instandhaltung	r_{IN}	1,030	b_{IN}	17,028	ba_{IN} 1,372
3	Einzahlungen	r_E	1,030	b_E	17,028	ba_E 1,372

Komponenten Nr.	Nutzungsdauer in a T_N	f_K in %	Ersatzhäufigkeit n	Bezeichnung des Bauteils	Investition in € A_0
1	30	1	0	Wärmedämmverbundsystem	147.909,00
2	25	2	1	Fensterbänder	1.740.013,00
3	30	1	0	Prismensystem	685.074,00
4	30	2	0	Konvektoren mit Verkleidung	75.000,00
5	30	0,5	0	Rohrleitungen	152.377,00
6	10	1	2	Heizungstechnischer Zubehör	24.643,00
7	20	3	1	Sole-Wasser-Wärmepumpe	75.222,00
8	30	1	0	Erdwärmesonden in Bohrpfähle	30.000,00
9	30	1	0	Thermoaktives Bauteil	203.827,00
10	15	1,5	1	Kälteerzeugung	94.616,00
11	20	1,5	1	Be- und Entlüftungsanlage mit WRG	94.500,00
12	20	2	1	RLT Geräte	127.310,00
13	20	0	1	RLT Kanäle	127.377,00
14	20	0	1	RLT Zubehör	133.755,00
15			0		
16			0		
17			0		
18			0		
19			0		
20			0		
				Investitionsbetrag	3.711.623,00

Die zweite und dritte Variante unterscheiden im Vergleich zur ersten Varianten dahin, dass die Dicke der Fassadendämmung und die Wärmeleitfähigkeit eine andere ist. Es kann aber gesagt werden, dass bei allen drei Varianten annähernd der gleiche U-Wert erreicht wird. Somit verändert sich in der Summe der Jahres-Heizwärmebedarf nicht beachtlich. Daher kann der gleiche Jahres-Heizwärmebedarf wie bei Variante 1 von $Q_{HA,V2.}$ = 212.018 kWh/a angesetzt werden.

Durch die veränderten Temperaturen in der Verteilung ändert sich laut DIN 4701 Teil 10 [18] der flächenbezogene Wärmeverlust der Verteilung auf θ_d = 0,4 kWh/m²a. Die Aufwandszahl e_g der Erzeugung für Wärmepumpen liegt bei 0,23.

Für die Variante 2 wurde ein Wärmeendenergiebedarf von $Q_{H,E,V2}$ = 53.633 kWh/a oder $\theta_{H,E,V2}$ = 3,79 kWh/m²a ermittelt.

Der Kältebedarf in der Ausgangslage liegt bei 12,23 kWh/m²a.

Die Aufwandszahl e_g der Erzeugung beläuft sich bei Erdsonden annähernd auf 0,08. Die Kälteendenergie ermittelt sich auf 0,98 kWh/m²a oder 13.830 kWh/a.

Der Jahresenergiebedarf der Be- und Entlüftungsanlage mit WRG wurde gemäß DIN EN 13799 [9] ermittelt. Die Leistung der Ventilatoren wurde anhand folgender Formel ermittelt:

$$P_{mains} = \frac{v_{fan} \cdot \Delta p_{fan}}{\eta_{tot}} \, [W] \tag{17}$$

Es wurde eine Ventilatorleistung von 4791,7 W, bei einem Luftvolumenstrom von 20.717 m³/h oder 5,75 m³/s ermittelt. Somit ergibt sich ein Jahresenergiebedarf mit einer Laufzeit von 2600 h im Jahr für das Gebäude von 12.458 kWh/a.

Der gesamte Jahresendenergiebedarf beläuft sich demnach auf 477.822 kWh/a. Diesen mit 0,19 €/kWh multipliziert ergibt Gesamtkosten für Strom in Höhe von € 90.786.

Die bedarfs-(verbrauchs-)gebundenen Kosten belaufen sich somit auf eine jährliche Annuität von € 124.582.

Die betriebsgebundenen Kosten belaufen sich auf eine Annuität von € 33.524,- pro Jahr.

Die jährliche Gesamtannuität der 2.Variante ist $\underline{\underline{A_{N,V2} \approx -579.019,- €}}$.

Tabelle 6.6-8: Gesamtannuität Variante 2

Komponenten Nr.	Barwert der Ersatzinvestition in €			Barwert des Restwerts	Summe der Barwerte	Summe der Barwerte · a (Annuität)	Barwert Instandhaltungskosten	Annuität der Instandhaltungskosten	Annuität der kapitalgebundenen Zahlungen
	A_1	A_2	A_3	R_W	$A_0+A_1+A_2$ $+A_3+R_W$	$(A_0+A_1+A_2$ $+A_3+R_W)\cdot a$	$f_K\cdot A_0\cdot b_{IN}$	$f_K\cdot A_0\cdot ba_{IN}$	$A_{N,K}$
1	0,00	0,00	0,00	0,00	147.909,00	11.919,45	25.186,59	2.029,70	13.949,15
2	671.256,75	0,00	0,00	382.877,43	2.028.392,32	163.460,84	592.594,08	47.755,03	211.215,87
3	0,00	0,00	0,00	0,00	685.074,00	55.207,65	116.657,40	9.401,00	64.608,65
4	0,00	0,00	0,00	0,00	75.000,00	6.043,98	25.542,66	2.058,39	8.102,37
5	0,00	0,00	0,00	0,00	152.377,00	12.279,51	12.973,71	1.045,50	13.325,02
6	16.835,58	11.501,71	0,00	0,00	52.980,29	4.269,49	4.196,32	338,17	4.607,66
7	35.108,62	0,00	0,00	8.923,72	101.406,90	8.172,02	38.427,40	3.096,73	11.268,74
8	0,00	0,00	0,00	0,00	30.000,00	2.417,59	5.108,53	411,68	2.829,27
9	0,00	0,00	0,00	0,00	203.827,00	16.425,68	34.708,55	2.797,04	19.222,72
10	53.427,68	0,00	0,00	0,00	148.043,68	11.930,31	24.167,44	1.947,51	13.877,87
11	44.106,31	0,00	0,00	11.210,71	127.395,61	10.266,35	24.137,81	1.945,18	12.211,53
12	59.419,84	0,00	0,00	15.103,02	171.626,82	13.830,79	43.357,81	3.494,05	17.324,84
13	59.451,11	0,00	0,00	15.110,96	171.717,14	13.838,07	0,00	0,00	13.838,07
14	62.427,93	0,00	0,00	15.867,60	180.315,34	14.530,96	0,00	0,00	14.530,96
15	0,00	0,00	0,00	0,00	0,00	0,00	0,00	0,00	0,00
16	0,00	0,00	0,00	0,00	0,00	0,00	0,00	0,00	0,00
17	0,00	0,00	0,00	0,00	0,00	0,00	0,00	0,00	0,00
18	0,00	0,00	0,00	0,00	0,00	0,00	0,00	0,00	0,00
19	0,00	0,00	0,00	0,00	0,00	0,00	0,00	0,00	0,00
20	0,00	0,00	0,00	0,00	0,00	0,00	0,00	0,00	0,00
	1.002.033,83	11.501,71	0,00	449.093,44	4.276.065,10	344.592,71	947.058,30	76.320,02	420.912,73

Bedarfs-(verbrauchs-)gebundene Zahlungen

A_{V1} in €/a	90.786,00	Annuität der verbrauchsgebundenen Kosten	$A_{N,V} = A_{V1} \cdot ba_V$	124.582,05

Betriebsgebundene Zahlungen

A_{B1} in €/a	27.295,00	Annuität der betriebsgebundenen Kosten	$A_{N,B} = A_{B1} \cdot ba_B$	33.524,05

Sonstige Zahlungen

A_{S1} in €/a	0,00	Annuität der sonstigen Kosten	$A_{N,S} = A_{S1} \cdot ba_S$	0,00

Einzahlungen

E_1 in €/a	0,00	Annuität der Einzahlungen	$A_{N,E} = E_1 \cdot ba_E$	0,00

Gesamtkosten

Gesamtannuität	$A_N = A_{N,E} - (A_{N,K} + A_{N,V} + A_{N,B} + A_{N,S})$	-579.018,83

6.6.4 Ergebnis der Variante 3

Auch in dieser Variante sind die Investitionskosten um den Betrag von € 950.382,-
auf eine Gesamtinvestitionssumme von € 3.617.576,- gestiegen.

Auch hier wird ein Jahres-Heizwärmebedarf von $Q_{HA,V3}$: 212.018 kWh/a angesetzt.

Durch die veränderten Temperaturen in der Verteilung ändert sich laut der DIN 4701
Teil 10 [18] der flächenbezogene Wärmeverlust der Verteilung für Fußbodenheizun-
gen auf θ_d = 0,4 kWh/m²a. Die Aufwandszahl e_g der Erzeugung bei Fernwärme ist
wie in der Ausgangslage und liegt bei 1,01.

Tabelle 6.6-9: Investitionskosten Variante 3

Zins in %							
	Betrachtungszeitraum in a	T	30		Annuitätsfaktor a	0,0806	
7	Aufzinsungsfaktor	q	1,070	Barwertfaktor		Preisdynamischer Annuitätsfaktor	
3	Kapitalgebundene Zahlungen	r_K	1,030	b_K	17,028	ba_K	1,372
3	bedarfs-(verbrauchs-)geb. Zahlungen	r_V	1,030	b_V	17,028	ba_V	1,372
2	betriebsgebundene Zahlungen	r_B	1,020	b_B	15,241	ba_B	1,228
2	sonstige Zahlungen	r_S	1,020	b_S	15,241	ba_S	1,228
3	Zahlungen für Instandhaltung	r_{IN}	1,030	b_{IN}	17,028	ba_{IN}	1,372
3	Einzahlungen	r_E	1,030	b_E	17,028	ba_E	1,372

Komponenten Nr.	Nutzungsdauer in a T_N	f_K in %	Ersatzhäufigkeit n	Bezeichnung des Bauteils	Investition in € A_0
1	30	1	0	Wärmedämmverbundsystem	147.909,00
2	25	2	1	Fensterbänder	1.963.513,00
3	20	2	1	Zweigeteilte Außenjalousie mit Lichtlenkfunktion	401.628,00
4	30	1	0	Fussbodenheizung	459.241,00
5	30	0,5	0	Rohrleitungen	44.375,00
6	20	1	1	Klappensteuerung und Verkabelung	48.500,00
7	20	2	1	Fernwärmeanschluss, Zentraleinrichtung und Zubehör	39.352,00
8	15	1,5	1	Kälteerzeugung	94.616,00
9	20	1,5	1	Abluftanlage	30.000,00
10	20	2	1	RLT Geräte	127.310,00
11	20	0	1	RLT Kanäle	127.377,00
12	20	0	1	RLT Zubehör	133.755,00
13			0		
14			0		
15			0		
16			0		
17			0		
18			0		
19			0		
20			0		
				Investitionsbetrag	3.617.576,00

Für die dritte Variante wird ein Wärmeendenergiebedarf pro m² von $\theta_{H,E,V3}=$ 16,65 kWh/m²a oder $Q_{H,E,V3}=$ 235.520 kWh/a ermittelt.

Durch den gesenkten Heizwasserstrom auf 4016 l/h ergeben sich Jahres-Heizkosten der Fernwärme von € 32.627,-.

Da bei dieser Variante die Kältemaschine für das thermoaktive Bauteil entfällt, verringert sich die voraussichtliche Gebäudeanschlussleistung auf 173 kW.

Der Energiebedarf für die Abluftanlage wurde, wie bei der zweiten Variante, mit Hilfe der Gleichung (17) und der DIN EN 13779 [9] ermittelt. Die Ventilatorleistung beläuft sich auf 7673,3 W. Die Laufzeit der Abluftanlage beträgt 2160 h im Jahr. Der Jahresenergiebedarf der Abluftanlage beträgt demnach 16.574 kWh/a.

Die voraussichtlichen Gesamtstromkosten belaufen sich auf € 78.750,-.

Die bedarfs-(verbrauchs-)gebundenen Kosten ergeben sich zu einer jährlichen Annuität von € 152.838,-.

Die betriebsgebundenen Kosten haben eine jährliche Annuität von € 29.336,-.

Tabelle 6.6-10:   ***Gesamtannuität Variante 3***

Kompo-nenten Nr.	Barwert der Ersatzinvestition in €			Barwert des Restwerts	Summe der Barwerte	Summe der Barwerte • a (Annuität)	Barwert Instandhaltungs-kosten	Annuität der Instandhaltungs-kosten	Annuität der kapitalgebunden-en Zahlungen
	A_1	A_2	A_3	R_W	$A_0{+}A_1{+}A_2$ $+A_3{+}R_W$	$(A_0{+}A_1{+}A_2$ $+A_3{+}R_W){\cdot}a$	$f_K{\cdot}A_0{\cdot}b_{IN}$	$f_K{\cdot}A_0{\cdot}ba_{IN}$	$A_{N,K}$
1	0,00	0,00	0,00	0,00	147.909,00	11.919,45	25.186,59	2.029,70	13.949,15
2	757.477,88	0,00	0,00	432.057,01	2.288.933,87	184.456,95	668.711,19	53.889,03	238.345,98
3	187.453,23	0,00	0,00	47.645,86	541.435,37	43.632,33	136.781,95	11.022,77	54.655,09
4	0,00	0,00	0,00	0,00	459.241,00	37.008,58	78.201,57	6.301,98	43.310,56
5	0,00	0,00	0,00	0,00	44.375,00	3.576,02	3.778,18	304,47	3.880,49
6	22.636,57	0,00	0,00	5.753,64	65.382,93	5.268,98	8.258,79	665,55	5.934,52
7	18.366,90	0,00	0,00	4.668,40	53.050,50	4.275,15	13.402,06	1.080,02	5.355,17
8	53.427,68	0,00	0,00	0,00	148.043,68	11.930,31	24.167,44	1.947,57	13.877,87
9	14.002,00	0,00	0,00	3.558,95	40.443,05	3.259,16	7.662,80	617,52	3.876,68
10	59.419,84	0,00	0,00	15.103,02	171.626,82	13.830,79	43.357,81	3.494,05	17.324,84
11	59.451,11	0,00	0,00	15.110,96	171.717,14	13.838,07	0,00	0,00	13.838,07
12	62.427,93	0,00	0,00	15.867,60	180.315,34	14.530,96	0,00	0,00	14.530,96
13	0,00	0,00	0,00	0,00	0,00	0,00	0,00	0,00	0,00
14	0,00	0,00	0,00	0,00	0,00	0,00	0,00	0,00	0,00
15	0,00	0,00	0,00	0,00	0,00	0,00	0,00	0,00	0,00
16	0,00	0,00	0,00	0,00	0,00	0,00	0,00	0,00	0,00
17	0,00	0,00	0,00	0,00	0,00	0,00	0,00	0,00	0,00
18	0,00	0,00	0,00	0,00	0,00	0,00	0,00	0,00	0,00
19	0,00	0,00	0,00	0,00	0,00	0,00	0,00	0,00	0,00
20	0,00	0,00	0,00	0,00	0,00	0,00	0,00	0,00	0,00
	1.234.663,14	0,00	0,00	539.765,44	4.312.473,70	347.526,75	1.009.508,39	81.352,65	428.879,40

Bedarfs-(verbrauchs-)gebundene Zahlungen

A_{V1} in €/a	111.377,00	Annuität der verbrauchsgebundenen Kosten	$A_{N,V} = A_{V1} \cdot ba_V$	152.838,27

Betriebsgebundene Zahlungen

A_{B1} in €/a	23.885,00	Annuität der betriebsgebundenen Kosten	$A_{N,B} = A_{B1} \cdot ba_B$	29.335,84

Sonstige Zahlungen

A_{S1} in €/a	0,00	Annuität der sonstigen Kosten	$A_{N,S} = A_{S1} \cdot ba_S$	0,00

Einzahlungen

E_1 in €/a	0,00	Annuität der Einzahlungen	$A_{N,E} = E_1 \cdot ba_E$	0,00

Gesamtkosten

Gesamtannuität	$A_N = A_{N,E} - (A_{N,K} + A_{N,V} + A_{N,B} + A_{N,S})$	-611.053,51

Für die dritte Variante wurde eine jährliche Gesamtannuität von: $\underline{\underline{A_{N,V3} \approx -611.053,- €}}$ ermittelt.

6.7 Bewertung

Die Investitionskosten der Varianten unterscheiden sich deutlich von der Ausgangslage. Grund sind die verbesserten Fassadeneigenschaften und die Investition in alternative Heiz- und Kühlsysteme.

Die Investitionskosten der Ausgangslage liegen bei € 2.667.194,-. Die erste Variante verzeichnet eine Steigerung der Investitionskosten von 24,7 % auf € 3.326.685,-. Bei der zweiten Variante sind die Investitionskosten von € 3.711.623,- am höchsten, was eine Steigerung von 39,2 % ist. Die letzte Variante liegt im Mittelfeld der Varianten mit einem Investitionsvolumen von € 3.617.576,-. Dies ist eine Steigerung von 35,6 %.

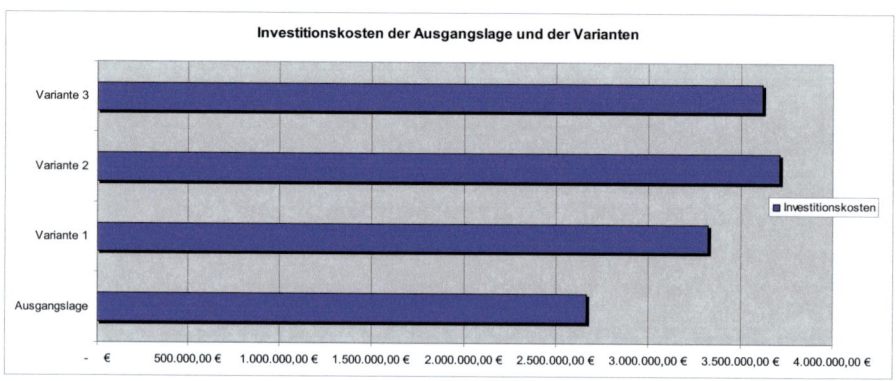

Bild 6.7-1: Investitionskosten

In Bild 6.7-2 werden die verschiedenen Kostenarten farblich gekennzeichnet. Hierbei sieht man sehr gut, dass die kapitalgebundenen Kosten einen Großteil der Annuitätskosten ausmachen. Bei der Ausgangslage sind die kapitalgebundenen Kosten deutlich geringer, was auf die Investitionskosten zurück zu führen ist. Bei der Ausgangslage machen die verbrauchsgebundenen Kosten eine weitere große Position der Annuitätskosten aus. Der Grund dafür sind die hohen Stromkosten. Bei den Varianten 2 und 3 stellen sich deutlich niedrigere verbrauchsgebundene Kosten ein, da bei diesen Varianten auf eine Kältemaschine verzichtet werden konnte. Die sonstigen Kosten liegen bei den Varianten höher als bei der Ausgangslage. Der Grund hier sind ebenfalls die höheren Investitionskosten.

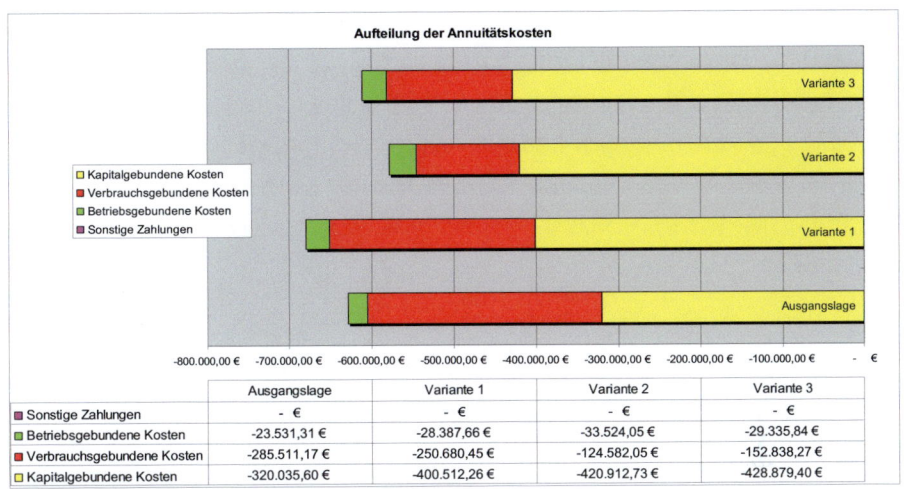

Bild 6.7-2: Aufteilung der Annuitätskosten

Durch die Maßnahmen die in den Varianten 2 und 3 durchgeführt worden sind, kam es zu einer deutlichen Kürzung der verbrauchsgebundenen Kosten, welche im Bild 6.7-2 rot markiert sind.

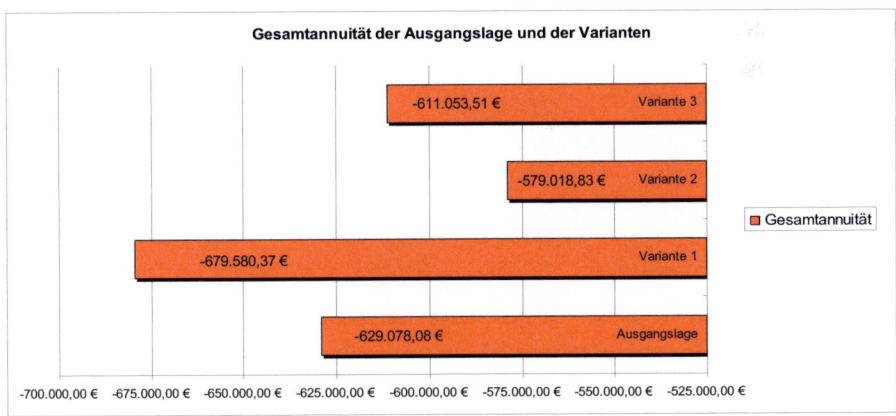

Bild 6.7-3: Gesamtannuität

Die Gesamtannuität ist durchschnittlich jedes Jahr für die Anschaffung, Instandsetzung, Wartung und den Betrieb der verschiedenen Bauteile aufzuwenden. Die günstigste Ausführung ist diejenige, die den geringsten negativen Betrag aufweist. Hier sind die Auszahlungen jedes Jahr am geringsten.

71

Die Gesamtannuität der Ausgangslage liegt bei € - 629.078,-. Die erste Variante hat eine um 8 % höhere Annuität von € - 679.580,-. Die zweite Variante hat die geringste negative Annuität und somit die beste von € - 579.019,-. Das sind im Vergleich zur Ausgangslage - 8 % oder auch € 50.059,- die pro Jahr gespart werden. Die dritte Variante hat ebenfalls eine niedrigere negative Annuität als die Ausgangslage von € - 611.054,-. Hier werden € 18.024,- gespart, was - 2,9 % von der Annuität der Ausgangslage ist.

7 Fazit

Die Investitionskosten der betrachteten Varianten unterscheiden sich im Vergleich zur Ausgangslage erheblich. Die Variante 2 hat eine Steigerung der Investitionskosten gegenüber der Ausgangslage von über 39 %. Doch trotz dieser erheblichen Steigerung der Investitionskosten, ist die Variante 2 die günstigste Anlage, da sie die geringsten jährlichen Annuitätszahlungen verursacht. Die Erdwärmesonden und die Sole-Wasser-Wärmepumpe liefern für das Gebäude den benötigten Heiz- und Kühlbedarf und tragen somit zur starken Reduzierung des Strombedarfs bei. Die Randstreifenelemente sind schnell regelbar und tragen somit auch zum Wohlbefinden der Nutzer bei. Die Be- und Entlüftungsanlage stellt durch den Luftwechsel die notwendige Außenluftmenge für den Nutzer sicher. Bei einer freien Lüftung ist dies nicht der Fall. Durch den Wärmerückgewinner werden Energieverluste reduziert.

Ein weiterer Vorteil der Varianten gegenüber der Ausgangslage ist der Sonnenschutz. Bei der Variante 2 kommt ein Prismensystem zum Einsatz, welches im Sommer die solare Einstrahlung in den Raum deutlich verringert, da dieses einen Gesamtenergiedurchlassgrad von nur 15 % besitzt. Gleichzeitig lässt das Prismensystem ein Maximum an diffusem Tageslicht in den Innenraum. Dies hat zum Effekt, dass der Nutzer weniger künstliches Licht am Arbeitsplatz und im Innenraum benötigt. Dadurch wird nicht nur der Strombedarf für die künstliche Beleuchtung gesenkt, sondern auch die Nutzerzufriedenheit verbessert.

Auch die Varianten 1 und 3 benötigen weniger künstliches Licht, da die Außenjalousien mit einer oberen Lichtlenkfunktion ausgestattet sind. Diese reflektieren die Lichtstrahlen und lenken diese in den Innenraum um und erhellen diesen, ohne Wärmestrahlung durch zu lassen.

Bei der Ausgangslage wurde auf solche Systeme verzichtet. Hier dient dem Sonnenschutz lediglich eine Außenjalousie ohne Lichtlenkfunktion. Bei widrigen Witterungsbedingungen wie zum Beispiel starkem Wind, müssen die Außenjalousien eingefahren werden. Das Prismensystem behält seine Funktion auch bei starkem Wind bei.

In Zeiten immer stärker steigender Energiekosten wird ein geringer Energieverbrauch auch bei Bürogebäuden immer wichtiger und steigert die Vermietungs- und Verkaufschancen, da die „zweite Miete" einen immer größeren Anteil an den Gesamtmiet-kosten einnehmen wird. Die Varianten 2 und 3 haben bereits einen deutlich niedrige-ren Energieverbrauch und somit deutlich niedrigere verbrauchsgebundene Kosten im Gegensatz zur Ausgangslage. Wenn die Energiepreise, wie bereits in den letzten Jahren zu beobachten war, weiter ansteigen werden, wird die Differenz der jährlichen Annuität zwischen den Variante 2 und 3 und der Ausgangslage vergrößert.

Ausblickend kann gesagt werden, dass aufgrund von steigender Nachfrage die Her-stellkosten zukunftsweisender Gebäudetechniken sinken werden. Ab der ersten Pla-nungsphase wird die intensive Beschäftigung zu raumklimatischen Fragen im Hin-blick auf eine hohe Arbeitsplatzqualität immer wichtiger. Zudem wird die Frage nach einem geringeren Energieverbrauch eines Bürogebäudes wichtiger. Ein Bürogebäu-de sollte neben einem geringeren Energieverbrauch attraktiv bleiben, welches durch Anpassungsfähigkeit an den Nutzer gesteigert werden kann. Weiter, sollten sich Bauherren über die Fördermöglichkeiten des „Bundesministerium für Wirtschaft und Arbeit" informieren. Das Ministerium fördert das energieoptimierte Bauen. Das För-derkonzept „Energieoptimiertes Bauen" hat im Vergleich zu den Vorgaben der Ener-gieeinsparverordnung sehr hohe Anforderungen, doch der Zielwert von 40 kWh/m² für den Jahresheizwärmebedarf ist realisierbar.

Literaturverzeichnis

[1]   DIN V 18599: 2007-02 Energetische Bewertung von Gebäuden - Berechnung des Nutz-, End- und Primärenergiebedarfs für Heizung, Kühlung, Lüftung, Trinkwarmwasser und Beleuchtung,

[2]   *HSH Real Estate AG:* Dokumente, Bilder, Grundrisse, Pläne, Berichte, Objektbeschreibung, Daten-CD Bavaria Office, Hamburg, 2007

[3]   *Planungsgruppe Dröge · Baade · Nagaraj:* Dokumente, Berichte, Berechnungen, Leistungsverzeichnisse, Simulationsbericht, Daten-CD, Salzgitter, 2006

[4]   *EnEV:* Energiebedarfsausweis nach § 13 Energieeinsparverordnung, Daten-CD, 2005

[5]   *Amt für Bauordnung und Hochbau:* Hamburgische Bauordnung (HBauO), Hamburg, 2006

[6]   DIN 4108-4: 2007-06 Wärmeschutz und Energie-Einsparung in Gebäuden: Wärme- und feuchteschutztechnische Bemessungswerte

[7]   DIN 4108-2: 2003-07 Wärmeschutz und Energie-Einsparung in Gebäuden: Mindestanforderungen an den Wärmeschutz

[8]   DIN 1946-2: 1994-04 Raumlufttechnik: Gesundheitstechnische Anforderungen

[9]   DIN EN 13779: 2007-09 Lüftung von Nichtwohngebäuden, Allgemeine Grundlagen und Anforderungen an Lüftungs- und Klimaanlagen

[10]   DIN EN 15251: 2005-07 Bewertungskriterien für den Innenraum einschließlich Temperatur, Raumluftqualität, Licht und Lärm

[11]   *Bundesministerium für Arbeit und Soziales:* Verordnung über Arbeitsstätten (Arbeitsstättenverordnung - ArbStättV), Gesetzesinitiative, juris, 2004

[12]   DIN 4710: 2003-01 Statistiken meteorologischer Daten zur Berechnung des Energiebedarfs von heiz- und raumlufttechnischen Anlagen in Deutschland

[13]   VDI 2078: 1996-07 Berechnung der Kühllast klimatisierter Räume (VDI-Kühllastregeln)

[14]   DIN EN 12831: 2003-08 Heizungsanlagen in Gebäuden - Verfahren zur Berechnung der Norm-Heizlast

[15]   *Gerhard Hausladen; Michael de Saldanha; Wolfgang Nowak; Petra Liedl*: Einführung in die Bauklimatik , Ernst & Sohn, 2003

[16]   VDI 6025: 1996-11   Betriebswirtschaftliche Berechnungen für Investitionsgüter und Anlagen

[17]   VDI 2067-01: 2000-09   Wirtschaftlichkeit gebäudetechnischer Anlagen - Grundlagen und Kostenberechnung

[18]   DIN 4701-10: 2003-08   Energetische Bewertung heiz- und raumlufttechnischer Anlagen: Heizung, Trinkwassererwärmung, Lüftung